JN299204

Q&A 基礎知識と実務がマスターできる いまさらシリーズ

いまさら人に聞けない
「適年廃止後の退職金再設計」の実務

佐藤崇・川島孝一 [著]

セルバ出版

はじめに

　退職金制度は、いま、大きな変革の時期にあります。その最大の要因は、平成24年3月に迫った適格年金（適年と略称します）の制度の廃止に基づくものです。
　しかし、それ以外にも、退職給与引当金の廃止および益金計上、新しい退職給付会計基準の問題などのほか、運用環境、企業業績、労働環境の変化等も大きな要因となっていることは明らかです。
　適年の廃止に伴い、引き続き税制上の優遇措置を受けるためには、確定給付企業年金制度、確定拠出年金制度、厚生年金基金制度、中小企業退職金共済制度といった企業年金制度等に移行する必要があります。
　また、これまでの退職給付制度は、実際に退職者が出るまでは明確にならなかった債務を常に顕在化した債務に変質させました。退職給付債務の計上は、企業の財務面での悪化を招き、資金調達の際に少なからぬ影響を与えています。
　こうした状況のなかで、退職金問題は、企業にとって解決しなければならない経営上の重要喫緊課題として急浮上してきました。
　中小企業の退職金制度改定の流れは、確定給付の形を引き継ぐ確定給付企業年金、就業期間中に退職金を前払いし退職給付債務をそのつど清算していく確定拠出年金、確定拠出と確定給付の特徴を併せもった中小企業退職共済など主流となる制度への移行のほか、生命保険の活用など多岐にわたっています。さらに、退職金制度廃止も、選択肢の1つとして存在します。
　本書は、これからの退職金のあり方、適年からの移行・移換にはどんな方法があり、それぞれどんな特徴があり、どんな手続が求められるのか、メリット・デメリットは何かなどを解説するとともに、退職金制度と資金準備の2つの視点から、どの制度が自社に最もマッチしているのか、最適の方法を採用すべき目安を紹介しています。
　適年廃止まで1年強となったいま、早急に対応を進める際の一助として活用していただければ幸いです。
　平成22年8月

佐藤　崇
川島　孝一

（本書の記載内容は、平成22年8月末時点の法令に基づいています）

いまさら人に聞けない「適年廃止後の退職金再設計」の実務Q&A　目次

はじめに

1 退職金ってなに・見直しのポイントは

- Q1　退職金の改革が叫ばれるのはなぜ……………………………7
- Q2　退職金の性格は…………………………………………………9
- Q3　退職一時金・企業年金の違いは………………………………11
- Q4　退職給付制度のメリット・デメリットは……………………13
- Q5　中小企業での退職金の役割・設置メリットは………………15
- Q6　会社や従業員にとっての必要性は……………………………16
- Q7　中小企業の退職金制度が直面する問題点は…………………17
- Q8　退職金見直しのポイントは……………………………………20
- Q9　適年廃止の意味・理由は………………………………………23
- Q10　適年廃止後の退職金制度のしくみは…………………………26
- Q11　これからの退職金の考え方は…………………………………28
- Q12　中小企業の退職金制度の再設計法は…………………………30
- Q13　自社にあった退職金ってどういう退職金のこと……………33

2 退職金制度見直しで行う適年の廃止・移行は

- Q14　廃止される適年ってどういう年金のこと……………………35
- Q15　適年の適用要件は………………………………………………39
- Q16　適年のメリット・デメリットは………………………………43
- Q17　移行先決定にあたっての検討課題は…………………………46
- Q18　適年の積立不足解消の方法は…………………………………48
- Q19　適年の給付引下げの手続は……………………………………51
- Q20　適年・退職一時金を併用するときの検討ポイントは………54
- Q21　適年廃止に伴う移行先は………………………………………57
- Q22　移行先ってどういうこと・その違いは………………………59

- Q23 移行先ごとのメリット・デメリットは　63
- Q24 移行に際して注意することは　67
- Q25 適年廃止で退職金制度をやめるときの問題点は　70
- Q26 適年を廃止して退職金制度を続けるときの問題点は　73
- Q27 生命保険の利用メリットは　75
- Q28 適年の解約や移行の手順・留意点は　77

③ 適年の移行先の概要は

- Q29 特定退職金共済ってどういう共済のこと　80
- Q30 特定退職金共済加入の移行手続は　84
- Q31 中退共ってどういう共済のこと　86
- Q32 中退共の移行手続は　90
- Q33 確定拠出年金ってどういう年金のこと　92
- Q34 確定拠出年金の移行手続は　95
- Q35 厚生年金基金ってどういう年金のこと　99
- Q36 厚生年金基金の移行手続は　102
- Q37 自社独自年金制度に移行するときは　104
- Q38 中退共と生命保険商品の組合せは　105

④ 退職金見直しにあたっての素朴な質問

- Q39 退職金を新たに設ける際に注意することは　107
- Q40 退職金の水準はどれくらいにすればいい　109
- Q41 退職金をやめて賃金で従業員へ還元したいときの規定例は　111
- Q42 いまある退職金を廃止しても問題はないってホント　113
- Q43 自社の退職金が現状にあっているかどうかを見極めるポイントは　115
- Q44 前払いの退職金へ変更するときのメリット・デメリットは　118
- Q45 退職金は必ず全員に支払う必要があるってホント　120
- Q46 退職金はいつまでに支払えばいい　121

Q47　退職金への賃金支払い5原則の適用は ――――――――― 123
　Q48　退職金の減額ができるのはどんなとき ―――――――― 125
　Q49　退職金規定なしで続けてきた退職金支給は
　　　 今後どうすればいい――――――――――――――――― 128
　Q50　正社員にはある退職金制度がパートにはないときの
　　　 問題点は ―――――――――――――――――――――― 129
　Q51　社長の査定で支給できる退職金制度の設計は――――― 131
　Q52　一時解雇者を再雇用したときの勤務期間の通算は ―― 132
　Q53　退職金にかかる税金は ――――――――――――――― 133
　Q54　退職金を支給する退職者と連絡が取れなくなったときは ―― 135
　Q55　経営者・役員の退職金の考え方は ――――――――――― 136

⑤ 退職金再設計のポイントは

　Q56　中小企業の退職金設計のポイントは ――――――――― 138
　Q57　基本給連動型ってなに・問題になるのはなぜ――――― 141
　Q58　基本給非連動型の退職金ってどういう退職金のこと ―― 144
　Q59　中小企業にあったポイント制退職金のポイントは ―― 147
　Q60　中小企業にあった定額制退職金の設計・規定例は ―― 150
　Q61　中小企業にあった別テーブル方式退職金の設計・
　　　 規定例は ――――――――――――――――――――――― 155
　Q62　中小企業にあったポイント制退職金の設計・規定例は ―― 160
　Q63　通常の退職金の規定例は ――――――――――――――― 166
　Q64　中退共を活用するときの退職金規定例は ――――――― 171

執筆分担
　　　　佐藤：第1章Q1～Q6、第3章、第4章
　　　　川島：第1章Q7～Q13、第2章、第5章

Q1 退職金の改革が叫ばれるのはなぜ

Anser Point

♤現在、退職金改革が話題になっているのは、主として①低金利・運用難による積立不足、②税制適格退職年金（以下、適年と略称）制度の廃止、③働く環境の変化等からくる必要性によります。

♠低金利・運用難による積立不足

多くの企業は、退職金の支払いに備えて資金を積み立てていますが、退職金規定を作成した当時のまま、その退職積立金の運用利率を5％以上に見込んで運営していることが多く、バブル経済崩壊後の超低金利時代下では、見込んだ運用益を出すことができずに、退職積立金が不足する状態となっています。

運用環境の悪化から積立不足が発生した場合、企業が埋め合わせしなければなりません。

「平成20年就労条件総合調査結果の概況」（厚生労働省）によると、退職給付制度がある企業は85.3％です。平成5年の調査では、退職給付制度がある企業は92.0％でしたので、15年間で7％近くの企業が退職金制度を廃止しているともいえるでしょう。

企業規模で見てみますと、常用労働者1,000人以上では95.2％、常用労働者30～99人では81.7％に退職給付制度があることになっています。

企業が退職金制度を導入している理由はさまざまあると思いますが、退職金は巨額になりますので、企業にとっては大きな負担になるのは確かです。企業は、退職金制度を廃止すれば、退職金積立をする必要もなくなりますし、積立不足の心配をする必要もなくなります。

企業側は、どのような退職金制度を導入したいと考えているのでしょうか。

掛金を損金算入でき、積立不足の生じない制度、運用状況で追加負担が生じない、退職給付債務の少ない制度を採用したいと考えます。

また、成果主義を取り入れる等により、社員のやる気を高めるとともに、退職金の金額をコントロールできるような制度を考えます。

従業員側は、自分がどれだけ退職金をもらえるのかわかる制度、企業が倒産しても勤務した分の退職金をもらえる制度、他の企業へ移った場合でもポータビリティのある制度などを求めます。

さまざまな制度を活用して、魅力的な退職金制度をつくっていくことは、企業にとって大きな課題となってきています。

♠適年制度の廃止

適年制度は、企業側には保険料等を経費とすることができるというメリットがあり、また、働く側にとっては、外部に積み立てられることから安心感があるなど、企業側と働く側の双方にとってよいとされていました。

しかし、積立金不足の表面化を底流として、平成14年の確定給付企業年金法の施行により、この適年制度は、平成24年3月31日をもって廃止されることが決定しています。

♠働く環境の変化等

これまでの退職金制度のままでは、一つの会社で長く働いている働き手と、労働移動（転職）を行って勤務期間が短い働き手とを比較すると、働き手が将来に受け取る退職金の額に大きな差が出てしまいます。

これは終身雇用という雇用形態が当たり前だった時代のもので、現在の職を変わっていく「労働移動（転職）」という雇用形態の増加には対応できなくなっています。

また、「入社した会社に長く勤める」という考え方から「能力を発揮するためや働く条件を上げていくために、職を変えるほうがよい」とする考え方に変化しているためか、退職金に対する考え方も、「何十年先に不確定な退職金をもらうよりも、現在の収入を多くしたい」と考える人が若年層を中心に増えているのも事実です。

企業側としては、働き手の年齢が高くなることを考慮しつつ、雇用の確保を図りながら、人件費のコスト増加を抑えたいものです。そのためにも賃金制度の見直しだけではなく、退職金制度自体を見直すことの必要性に迫られています。

♠再び安定へと変化している働き手の意識や考え方

ただ、一昨年のリーマンショック以降、社会・経済状況の変化に対応するかのように働き手の意識や考え方が、再び安定へと変化しているように感じます。

退職金制度の見直しを行う際は、働き手の意識や考え方も考慮する必要があるでしょう。

Q2 退職金の性格は

Anser Point

♤一般に、退職金の性格は、①功労報償説、②賃金の後払説、③生活保障説、の３つの説に大きく分けられています。

♠一定期間の働きに報いる

　退職金制度は、もともとは江戸時代の「のれん分け」から始まったといわれていますが、その後、定着率の向上、年功主義賃金の生涯賃金の調整策等の機能をもつようになり、浸透・定着してきたとされています。

　また、図表１のいずれの説にも共通する退職金の性格としては、ある一定の期間、企業での働きに対する支払いと捉えることができると思います。

　ただ、多くの企業で実際行われているように、一定期間といっても、１年や２年という短い期間の働きに対して退職金が支払われる会社は少ないのが実態です。採用時の経費、働き手への教育投資やそのための時間がかかっていることなどを考えると、企業側が退職金の支払いに一定の条件を定めるのは当然のことといえます。

【図表１　退職金の性格】

退職金の性格	① 功労報償説　在職中の功労に対する報酬として支払うのが退職金であるという考え方。
	② 賃金の後払説　在職中に働く人へ支払われるはずであった賃金の一部を退職時に支払うという考え方。
	③ 生活保障説　退職の後の働き手に対する生活保障のために支払うものという考え方。

　中小企業の経営者の皆さんにしてみれば、長く働いてもらったことへの慰労であると考えることが多いのではないでしょうか。

　実際、中小企業の経営者の皆さんと退職金の話題になったときには、「頑張って働いてもらったからその分を支払ってあげたい」との声を聞くことが多いように感じます。

♠退職金制度があって当たり前という状況にある

　東京都産業労働局の調査では、83.4％の企業で退職金制度を導入してお

り、退職金制度があって当たり前というところにまでなっています。

【図表2　規模別退職金制度の導入企業】

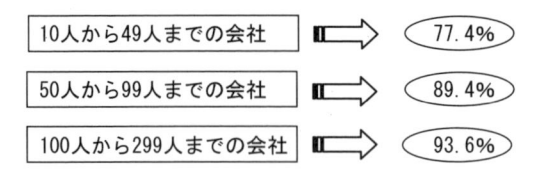

10人から49人までの会社	⇒	77.4%
50人から99人までの会社	⇒	89.4%
100人から299人までの会社	⇒	93.6%

（出所：東京都産業労働局「中小企業の賃金・退職金事情」より）

♠退職金が大きな企業負担に

　退職金について定めた法律はありません。退職金が会社のなかで制度化されたのは定年退職というのが一般的になり、就業規則などに明示されるようになったからです。そして就業規則に明示されたことにより、退職金は、企業にとっては「義務」、労働者にとっては「権利」になったのです。

　団塊の世代の定年退職ラッシュを迎えたことにより、中小企業にとっては退職金倒産も起こり得る状況となっただけでなく、適年廃止、企業年金の危機、65歳までの雇用の義務化、退職給付会計の変更など退職金制度の見直しを急がなくてはならない状況が次々に出現してきました。

　しかし、退職金の見直しは、就業規則や退職金の規定を変えればよい、といった単純なものではなく、そのメリットをどういう形で引き継いでいくのかなども踏まえて慎重な対応が必要になります。

♠見直しはマルチな視点から行うことが肝要

　退職金について見直しが行われる場合に、企業側は退職金増加の抑制と算定方式の合理化を柱に考えることが多いでしょう。

　退職金の増加の一因に、積立の不足・予定利率引下げによる支払いの増加、賃金連動型の退職金計算による退職金額の増加が考えられます。

　単純に退職金の支給率や算定基礎給の見直しを行うだけでは、賃金や賃上げとの関係が残ります。そこで、賃金と退職金を切り離して考えることで退職金の増加を抑えようという企業も増えてきているようです。

　退職金制度を設けるのは、一般的には優秀な人材の確保が目的ともいえますが、他にも効果を期待することができます。

　例えば、退職金規定のなかで、自己都合退職と懲戒解雇での退職金の金額に差をつけることにより、退職金制度が従業員の不祥事に対する抑止効果をもつことにもなります。

Q3 退職一時金・企業年金の違いは

Anser Point
♣働く人の退職時に一括して退職金を支払うものを退職一時金と呼び、退職金を年金として支払う制度が会社内にあり、それに沿って支払うものを企業年金（退職年金）と呼びます。

♠退職一時金・企業年金の種類とは

退職一時金と企業年金（退職年金）は、それぞれ図表3のような商品により準備されます。

【図表3　退職一時金と企業年金を構成する商品】

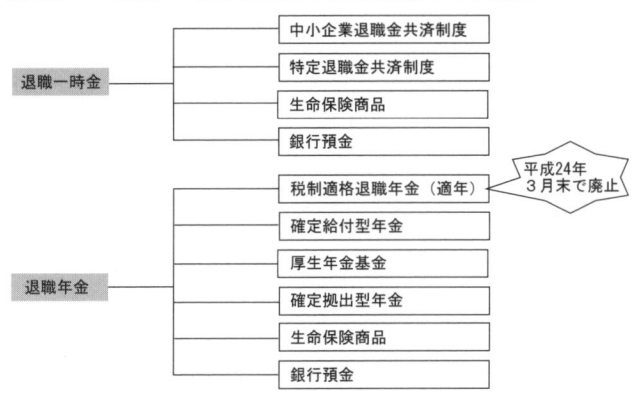

- 退職一時金
  - 中小企業退職金共済制度
  - 特定退職金共済制度
  - 生命保険商品
  - 銀行預金

- 退職年金
  - 税制適格退職年金（適年）　※平成24年3月末で廃止
  - 確定給付型年金
  - 厚生年金基金
  - 確定拠出型年金
  - 生命保険商品
  - 銀行預金

♠退職一時金・企業年金の資金準備の方法は

これらの退職一時金や企業年金（退職年金）の資金準備の方法として、大きく2つの形に分けることができます。

銀行預金による準備は社内積立といい、適年や厚生年金基金・確定拠出型年金等については外部積立といいます。

昭和30年頃までは、退職金積立のほとんどが内部積立でしたが、昭和30年代後半頃から、適年・厚生年金基金・中小企業退職金共済・特定退職金共済等が設けられはじめると、外部積立を利用する会社も多くなってきました。

また、働く人の退職金の確保・退職金の年金化に対する税金面の優遇や、中小企業への制度の普及促進が行われてきたことも大きな理由の1つです。退職金の外部積立を行う場合、会社側には毎月の掛金の損金算入が認められ、働き手本人が掛金を支払う場合には、保険料控除が認められています。

♠中小企業は一時金での支給が多い

　退職一時金が事業規模を問わず幅広く導入されているのに対して、企業年金（退職年金）の導入は大企業に高い傾向にあります。

　現在のところ、中小の企業では退職一時金での支給が多く、大企業は退職一時金と企業年金（退職年金）との併用となっているといえます。

　企業年金の積立先にはいくつか種類があり、厚生年金基金や適年は一般にも広く知られている名前です。

　企業年金（退職年金）は年金的な退職金であり、その受取方法には、年金と一時金の2つがあります。

♠退職一時金・企業年金の税金面での扱いは

　退職により勤務先から受ける退職手当などの退職金は、原則として他の所得と分離して「退職所得」として扱われます。

　また、厚生年金基金などにより退職に基因して支給される一時金、適年契約に基づいて生命保険会社または信託会社から受ける退職一時金なども退職所得とみなされます。退職所得にかかる税金についてはQ53で詳しく述べます。

　これに対して、退職金を年金として受給する場合には、「雑所得」として扱われます。国民年金や厚生年金など他の公的年金と合算しての計算となります。

　この雑所得には、所得税と住民税がかかりますが、年金額から公的年金等控除額や基礎控除額、配偶者控除額を差し引いた金額に課税されます。

　とくに、公的年金等控除は、65歳を境に年齢によって控除額が変わってきますから、それらも念頭に置いておく必要があります。

　退職金は、単に退職金規定に定めるだけでは、公的年金控除を受けることはできません。公的年金控除が受けられる退職金は、法律で定められた要件に合致したものに限られます。厚生年金基金、適年、確定給付企業年金、中退共、特退共などはこれに該当します。

① 退職金ってなに・見直しのポイントは

Q4 退職給付制度のメリット・デメリットは

Anser Point

♤企業としてのメリットは、働き手の定着を促進できること。デメリットは、積立金不足等の負担が大きくなること。
♤働く側のメリットは、退職後の必要資金が賄えること。デメリットは、転職時に退職金の額が少なくなること。

♠退職金を導入する企業のメリットは

退職金を導入することによる会社側のメリットとしては、図表4のような点があげられます。

【図表4　企業のメリット】

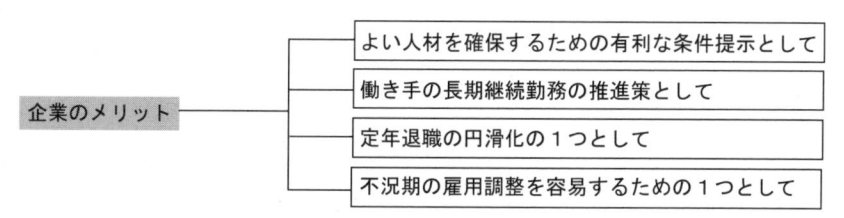

企業のメリット
- よい人材を確保するための有利な条件提示として
- 働き手の長期継続勤務の推進策として
- 定年退職の円滑化の1つとして
- 不況期の雇用調整を容易するための1つとして

企業の側からみれば、退職金が働き手の長期勤続を奨励し定着を促す手段としての役割をもつこととなります。それと同時に、定年退職を円滑に進めるなど不況期の雇用調整を容易にする役割も担っているといえます。

♠退職金を導入する働き手のメリットは

一方、企業が退職金を導入することによる働き手側のメリットとしては、図表5のような点があげられます。

【図表5　働き手のメリット】

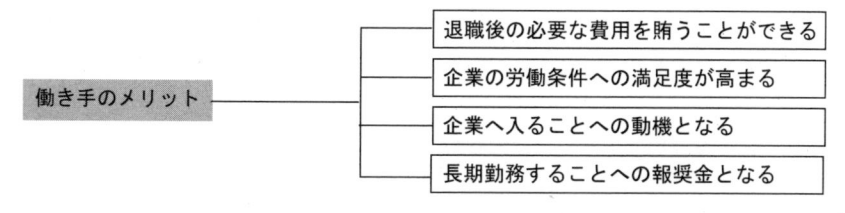

働き手のメリット
- 退職後の必要な費用を賄うことができる
- 企業の労働条件への満足度が高まる
- 企業へ入ることへの動機となる
- 長期勤務することへの報奨金となる

働き手の側からみれば、定年退職後に必要な一時的出費（住宅の建築費、

子供の結婚など）を賄うとか、離職後の生活を一時的に支えるための資金でもあり、定年退職後の長い老後生活の安定を図るための生活資金としての役割が高まっています。また、退職金が離職後に支払われるものという性質上から、その担税力の低さを考慮して退職所得控除が大きく設定されていることは働き手にとって有利なものとなっています。

♠退職金を導入することのデメリットは

　退職金は、企業側・働き手の側双方にメリットがあるものとして導入されてきましたが、前述のように働く側からみると短期間勤務の場合には、退職金がもらえないという側面も存在します。

　また、企業側にとっては人材確保という面で大きなメリットとなっていましたが、超低金利の現在では不足した積立金の補てんによる企業負担の増加といった大きな問題が生じはじめています。この積立金の補てんは、企業の財政を圧迫し、その企業の存続さえ危うくする可能性もあるのです。

♠メリットを活かす観点から考える

　現在では、8割以上の企業に退職給付制度があるにもかかわらず、中小企業では、経営者でさえも退職給付制度の存在をあまり意識していない事業所が多いかもしれません。

　退職金制度の目的の1つが、よりよい人材の確保・定着であるといわれますが、とくに中小企業にしてみれば、他の企業によい人材をとられてしまわないようにと、あまり考えず「世間並みの労働条件」として退職給付制度を整備したところもあるでしょう。

　また、従業員側も同様で、定年が近づいてきたときや退職を考えたときになって、はじめて退職金というものを意識するのではないでしょうか。従業員が退職金を「定年になったときに支給される老後の生活資金」ととらえているだけでは、退職給付制度のメリットを無駄にしてしまっています。

　近年では、従業員本人が自己の退職金の運用先を決定する確定拠出年金を退職給付制度として採用している企業もありますが、中小企業ではあまり採用されていないように思います。

　制度はあるけれど、導入した意図が明確でないのであれば、雇用情勢が大きく変化しつつある現在が退職給付制度を見直す好機といえます。退職給付制度が何のために会社に導入されているのか、企業は従業員に対しても意識させる必要があります。

Q5 中小企業での退職金の役割・設置メリットは

Anser Point

♤大企業にとっては当然の労働条件ともいえる退職金制度も、10～49人規模の中小企業ではその設置は8割にも達していません。

♤中小企業が退職金制度を設けることの一番の目的は、優秀な人材の確保であるといっても過言ではないのです。

♠仕事への意欲や生産性の向上に

働き手は長く勤めることで、まとまった退職金を手にすることが可能となります。これは、働き手の仕事への意欲をいっそう向上させる要因となり、その結果として企業に活力と生産性の向上をもたらします。

♠人材の安定確保に

中途採用がほとんどの中小企業にとっては、退職金制度を設けることで、一度入社した優秀な人材が流出することを防ぐ一助となります。優秀な人材を確保することは中小企業にとって重要なことであり、中小企業にとっては難しい課題でもあります。

♠頑張ってもらった働き手の退職後の安定に

老後の生活安定や第2の人生を有意義に過ごす資金として、退職金はなくてはならないものといえます。

♠制度化で信頼関係を

企業側が退職金規定等を定めるなど退職金を制度化することにより、働く側にとっては将来の退職金が約束されたことになり、中小企業で働いていくという気持ちが固まり、企業と働き手の信頼関係が深まります。

♠不祥事抑止力的機能も

自己都合退職と懲戒解雇で退職金の額に差を設けることにより、退職金制度を働く人に対する一定の不祥事抑止力的機能として活用している側面もあります。

Q6 会社や従業員にとっての必要性は

Anser Point
♤退職金の制度は、企業と従業員の双方にとって大きなメリットがあるといわれています。

◆退職金制度の企業のメリットは
　どこの企業も自社に貢献してくれるよい人材を必要としています。
　また、労働者も労働条件の良い会社を探して就職活動をしています。
　そんななかで、企業に退職金制度があるのとないのとでは、大きく違ってくることは明らかではないでしょうか。
　企業によっては、すぐに人が集まるということや、普段から社員の出入りが多い等の理由で、退職金制度の必要性に疑問をもっている経営者もいると思います。
　しかし、よい人材が集まり、そのよい人材に長く働いてもらうためには、やはり、退職金制度が必要となるのではないでしょうか。

♠退職金制度の従業員のメリットは
　従業員から見ると、老後資金を考えた場合、自分で貯めるより退職金という形でもらうほうが、税金が少なくてすむというメリットがあります。
　また、老後資金の心配をする必要がないということは、従業員にとっては大きなメリットとなるでしょう。

♠すべてメリットとなるのか
　近年、人材の流動化が大きく進み、いまの時代に退職金制度はそぐわないという考え方もあります。
　また、不景気によって、退職金制度を維持できないため、廃止にするところも出てきています。
　さまざまな要因の影響で、退職金制度には種々な変化が出ていますが、会社を伸ばしていきたい、よい労働条件で働きたいという双方のニーズがある限り、退職金制度は会社、従業員の双方に大きなプラス効果をもたらすものと考えられます。

Q7 中小企業の退職金制度が直面する問題点は

Anser Point

♤退職金制度の見直しをしていない企業が多くあります。
♤退職金の意味を理解している従業員は少ないようです。
♤いまのままでは、退職金の負担が企業に重くのしかかってきます。

♠見直しをしていない退職金制度

　退職金制度のコンサルティングをしていると、中小企業では、「導入してから1回も退職金制度を見直したことがない」とよく耳にします。そればかりか、プロパー従業員の定年退職に対する退職金の水準さえ把握していないことさえあります。

　特にこれまで適年を取り入れていた中小企業では、本来はあってはならないことなのですが、制度導入時に生命保険会社等の受託機関が提案してきたひな型の退職年金規定をそのまま取り入れ、それっきりにしていることがあります。

　適年は、受託機関が退職金を直接退職者に支払い、企業は退職の手続しか関与しません。そのため、「1回も見直していない」「支給水準がわからない」状態でもあまり問題にはならなかったのです。

　退職金は、毎月の給与や賞与と同じように、企業が従業員に対して支給する賃金です。本来ならば、人事制度や賃金制度の修正にあわせて退職金制度も変更していかなければなりません。しかし、ほかの制度改定に比べて、退職金制度の改定はどうも後回しになってしまうようです。

♠人事制度・賃金制度と退職金の関係は

　一般的な退職金制度は、基本給や等級、役職により金額が変わります。人事制度や賃金制度を変更したのに退職金制度を見直していないということは、古い人事制度や賃金制度で設計された退職金制度を、新しい人事制度や賃金制度で運用することになります。

　賞与は、その時々の企業の業績による原資に応じて、全体の支給額を調整しやすく、実際の運用もそのようになっているでしょう。また、従業員にも成果配分として理解されやすいようです。

　しかし、退職金は、従業員が退職金制度があることは知っていても、その

支給水準や企業の狙いを理解していることは少ないようです。特に、40歳代半ばより若い世代の従業員にその傾向が強くなっています。

♠賃金のなかの退職金の位置づけ

退職金を賃金の一部ととらえるならば、賃金制度を成果主義的な制度に変更した場合、①退職金制度も成果主義的な制度とするのか、あるいは反対に②賃金制度で成果主義を強めるので、退職金制度は勤続を重視する制度にするのかなど、いくつもの戦略が考えられます。

給与、賞与、退職金の生涯賃金全体の中で退職金の位置づけを決定することが大切です（図表6参照）。

【図表6　トータルでの戦略の決定】

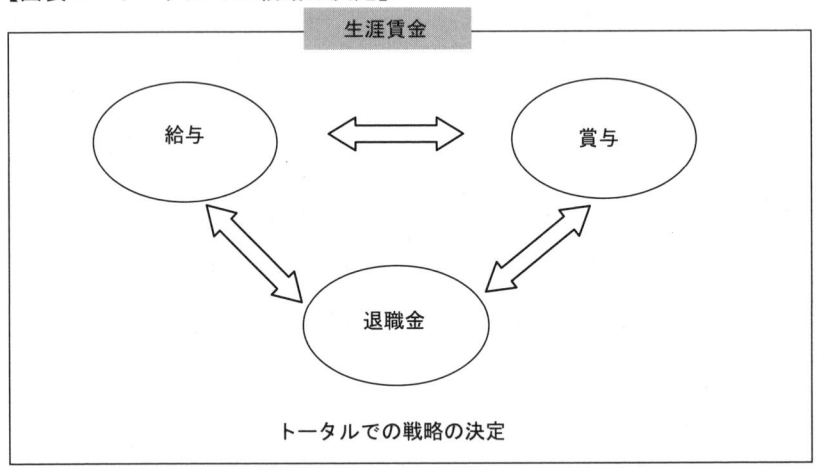

```
                    生涯賃金

         給与  ⇔  賞与
              ↕   ↕
                退職金

            トータルでの戦略の決定
```

♠退職金による資金繰りの負担は

近年では、図表7でも明らかなように団塊の世代の定年退職が始まっており、退職者の急増により退職金の負担が過大になってきています。

経済情勢の変化による業績の悪化といった環境のなか、企業の余裕が少なくなっているところに追討ちをかけるように、退職金として一時的に多くのキャッシュが必要になり、企業の資金繰りをさらに悪化させることが問題になっています。

中小企業では、これまで新卒から定年まで勤めあげた従業員がほとんどいなかったケースも多かったものと思われます。このような企業では、プロパー従業員の退職者が出たときに思いもかけない多額の退職金の支給となることもあります。

【図表7　わが国の人口ピラミッド】

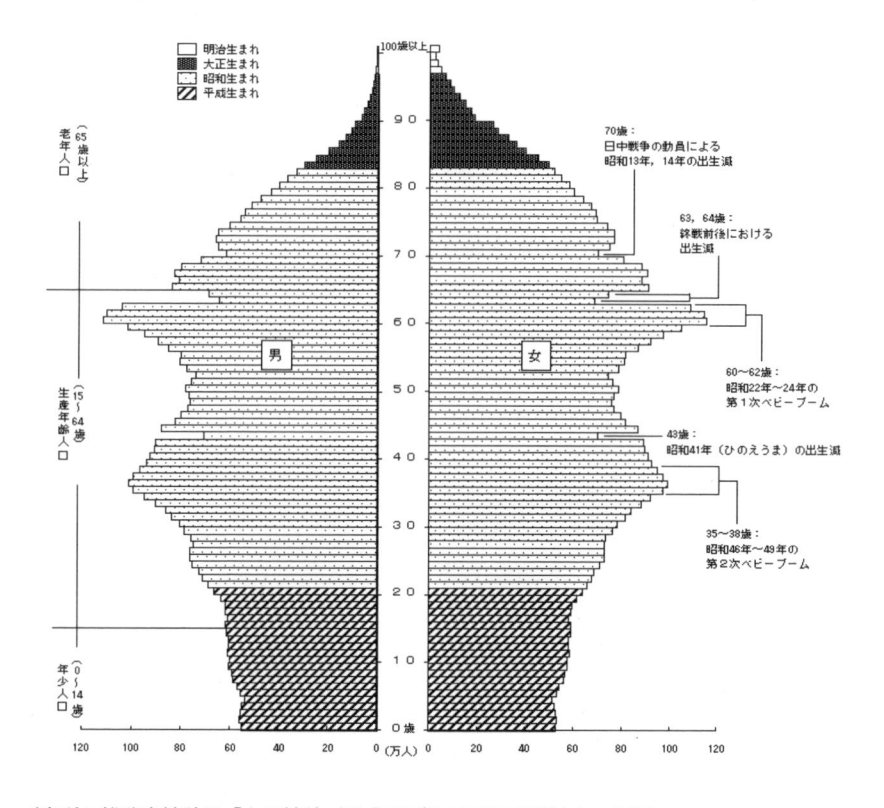

凡例：
- 明治生まれ
- 大正生まれ
- 昭和生まれ
- 平成生まれ

左：男　右：女

区分：
- 老年人口（65歳以上）
- 生産年齢人口（15〜64歳）
- 年少人口（0〜14歳）

注記：
- 70歳：日中戦争の動員による昭和13年、14年の出生減
- 63、64歳：終戦前後における出生減
- 60〜62歳：昭和22年〜24年の第1次ベビーブーム
- 43歳：昭和41年（ひのえうま）の出生減
- 35〜38歳：昭和46年〜49年の第2次ベビーブーム

横軸：120　100　80　60　40　20　0（万人）　0　20　40　60　80　100　120
縦軸：0歳〜100歳以上

（出所：総務省統計局「人口統計（平成21年10月1日現在）」より）

♠気がつきにくい退職金の増加

　日本の企業で最も多く採用されている基本給に連動した退職金制度では、ベースアップなどにより賃金水準が上がったことにより退職金も連動して引き上がっていきます。

　この制度では、定年時の退職金額が規定だけでははっきりしません。

　また、勤続年数に応じて支給率も上がっていく制度になっていることが通例です。

　そのため、長期勤続の定年退職者が出たときにはじめて具体的な金額を知り、予想以上に多くの退職金額になっていることに気づくのです。

　団塊の世代の定年退職時期を迎えて、このような退職者がそれも多数発生するので、企業にとっては大きな負担になります。

Q8 退職金見直しのポイントは

Anser Point
♤現在支給が確定している退職金額を把握しましょう。
♤今後15年程度の定年退職者の退職金必要資金を計算しましょう。
♤制度上最も高額となる場合の退職金額を把握しましょう。
♤定年退職と自己都合退職の退職金額の差が適正かどうか確認しましょう。

♠現在の自己都合退職金の総額の計算は

　退職金制度が企業にとってどのくらいの負担になるかを把握するために、まずは現在の退職金総額を計算します。

　方法は、①現在の在職者が、②現時点で全員が自己都合で退職したときに、③退職金がいくらになるか、を一覧表にします。

　これは、退職金試算表と呼ばれますが、一例を示すと図表8のようになります。

【図表8　退職金試算表の例】

(単位：円)

氏名	現在				定年時			
	年齢	勤続年数	基本給	自己都合退職金	勤続年数	基本給推定	定年退職金見込額	年度ごと計
A	58	34	450,000	11,952,000	35	456,000	12,489,840	12,489,840
B	56	8	415,000	1,550,025	11	433,000	3,234,510	3,234,510
C	53	28	380,000	8,200,400	35	416,000	11,394,240	11,394,240
D	50	19	388,000	4,927,212	28	442,000	9,538,360	25,872,760
E	50	32	438,000	10,906,200	42	492,000	16,334,400	
F	49	27	375,000	7,781,250	38	435,000	12,997,800	17,878,200
G	49	5	360,000	672,300	16	420,000	4,880,400	
H	47	3	375,000	217,875	15	447,000	4,823,130	4,823,130
I	46	19	293,000	3,720,807	32	371,000	9,237,900	9,237,900
J	40	11	312,000	1,864,512				
K	39	9	335,000	1,459,763				
L	37	13	340,000	2,483,360				
M	34	7	338,000	1,052,025				
N	32	6	306,000	761,940				
O	32	14	274,000	2,183,232				
P	28	3	260,000	151,060				
Q	28	7	288,000	1,254,960				
R	25	6	251,000	624,990				
S	23	1	248,000	0				
計				61,763,911				

① 退職金ってなに・見直しのポイントは

この数字の合計額は、退職給付債務会計における簡便法の退職給付債務にあたります。
　図表8の例ですと、自己都合退職金の合計 61,763,911 円となります。
　この自己都合退職金は、現時点で一斉に支払うことはありませんが、少なくとも将来支払うことが確実な退職金となります。

♠今後 15 年間の必要資金の計算は

　次に、現在の在職者がこのまま定年まで勤務したときの退職金額を算出します。この計算をするときは、基本給や役職の昇給、昇格を見込んで行います。
　ただし、必ずしも全員が定年退職まで勤務するとは限りません。また、20年、30年先の費用負担を想定して資金繰りを考える企業は少ないでしょうから、現在 45 歳以上（企業規模が大きい場合は 50 歳以上）の方だけでよいでしょう。
　45 歳以上の方の定年退職金の一覧表ができたら、それぞれの定年退職日を年度ごとにまとめます。この図表8で今後 15 年間の定年退職金として支給する金額の総額がわかります。
　企業は、①いつまでに、②いくらくらいのキャッシュを、準備しなければならないかを確認します。
　図表8の例ですと、特に現在 49 歳、50 歳の従業員が定年退職を迎えるときに、DからGまでの4名の定年退職者でおよそ 43,750 千円もの資金の準備が必要になります。

♠退職金の最高支給額は

　45 歳以上の方にプロパーの従業員が含まれていなければ、プロパーの従業員で最も昇給、昇格が見込まれる方が定年退職まで勤務したときの退職金額を計算します。
　45 歳以上の定年退職金見込額の最高額とプロパー従業員の退職金額のいずれか高い額が、企業が1人の従業員に支給する退職金の最高額と考えられます。先ほどの例ですと、Eの従業員の 1,600 万円強がこの退職金制度の最高額となります。
　ここで注意しなければならないのは、①退職金の勤続年数ごとの支給率が青天井に上昇していないか、②退職金の支給水準が想定の範囲内か、の2つです。
　勤続年数は、入社から定年退職の日までとすることが多いですが、ここ数

年の定年延長の流れから勤続年数が以前より延びています。勤続年数に応じて青天井の支給率としていると、想定外に多額の退職金となることがあります。

また、計算の基礎となる給与が上昇していることにより、退職金の水準も上がっていることも考えられます。基本給連動型の退職金制度としている企業は要注意です。

♠定年退職と中途退職の支給水準は

最後に定年退職と自己都合などの中途退職との乖離を見ます。中小企業の退職金制度では、勤続20年程度で定年退職と中途退職の支給係数を同じにしている場合もあります。

プロパーの従業員の定年退職者がいなかったときには、それでもよかったかもしれませんが、新卒で入社すると勤続20年でもまだ40歳前後、勤続30年であってもまだ50歳前後です。

この年齢で自己都合退職をしたときに定年退職と同じ支給率というのは、長期勤続を奨励するための退職金制度という趣旨からしても解せません。

定年退職と中途退職の支給額に適正な乖離があるように、支給率を見直す必要があります（図表9参照）。

【図表9　支給水準】

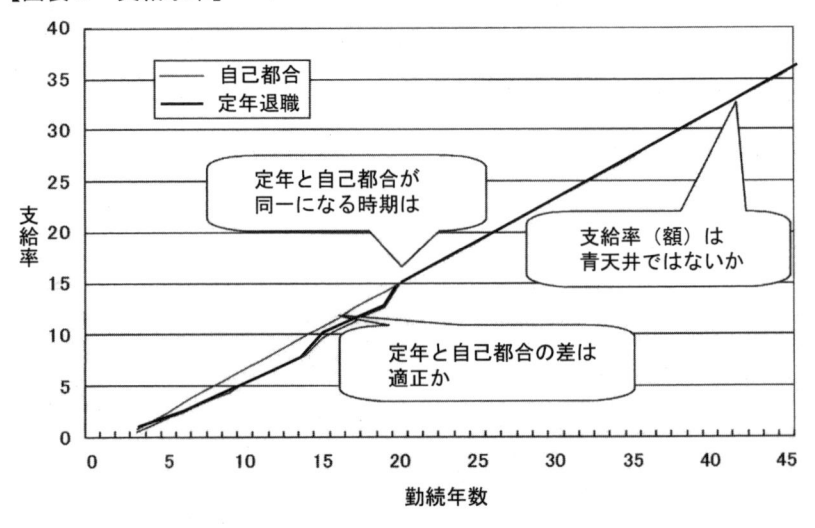

Q9 適年廃止の意味・理由は

Anser Point
♤適年制度は、制度上、積立不足を生じやすくなっています。
♤積立不足は、強制的に解消できませんので、制度が破綻することもあります。
♤新制度のスタートにより、適年制度の税制上の優遇措置が廃止されます。

♠適年の予定利率と保証利率の差

　現在の適年は、積立不足を抱えています。適年導入時は、制度設計上の利率である予定利率は5.5％で設計されていました。つまり、適年が将来にわたり毎年5.5％の運用利回りが確保できることを前提にして、掛金を設定したのです。

　当初は、生命保険会社等の受託機関が運用に対して最低保証する保証利率が予定利率と等しかったため、積立不足は生じず、運用実績がよければむしろ余剰金が生じていました。

　しかし、バブル崩壊後の金融危機により、保証利率が引き下げられました。本来であれば予定利率も同率に引き下げるべきですが、予定利率を引き下げると掛金が大幅に増額されます。

　このため、多くの企業では、保証利率が1.5％程度まで引き下げられても、予定利率をまったく引き下げないか、もしくは引下幅を圧縮することで対応したのです。

　保証利率がいくら低くても、運用実績が予定利率を上回れば積立不足は生じません。しかし、実際の運用利回りは、予定利率を確保するどころか、平成12年度から平成14年度にかけては3年連続でマイナス運用に陥っています。

　制度上5.5％の運用実績を見込んで掛金を決定しているにもかかわらず、実際はそれ以下でしか運用できていませんので、年を経るごとに適年の積立不足は増加しました。

♠適年破綻の危機

　さらに団塊の世代の定年退職時期が近づくにつれて、退職者の急増により

【図表10 適格年金の状況】

制度設計では、60歳に1,000万円の支給とすると、予定利率5.5％では掛金積立期間（約40年間）で利息収入を700万円得られる。したがって、掛金は、300万円となる。

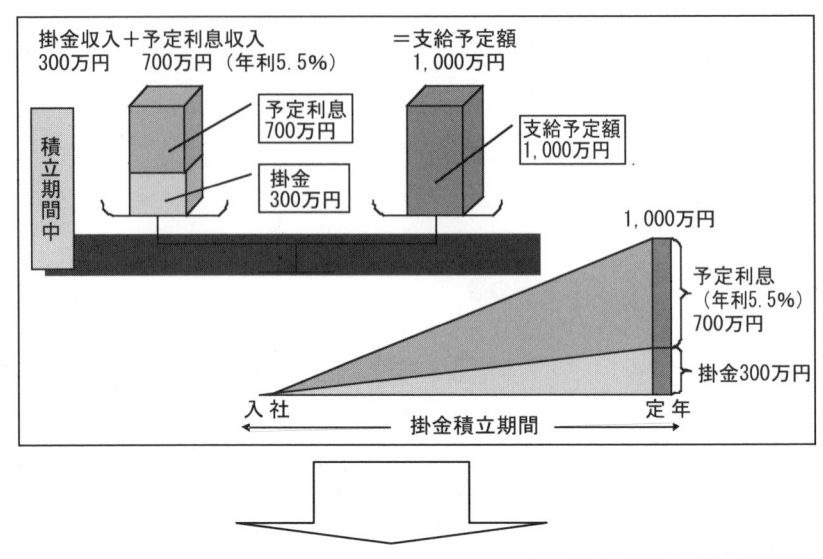

掛金収入＋予定利息収入　　　＝支給予定額
300万円　　700万円（年利5.5％）　1,000万円

積立期間中

予定利息 700万円
掛金 300万円

支給予定額 1,000万円

1,000万円
予定利息（年利5.5％）700万円
掛金300万円

入社　　掛金積立期間　　定年

実際の運用利率が1.5％になると、掛金総額300万円で利息は100万円にしかならない。差額の600万円が積立不足となる。

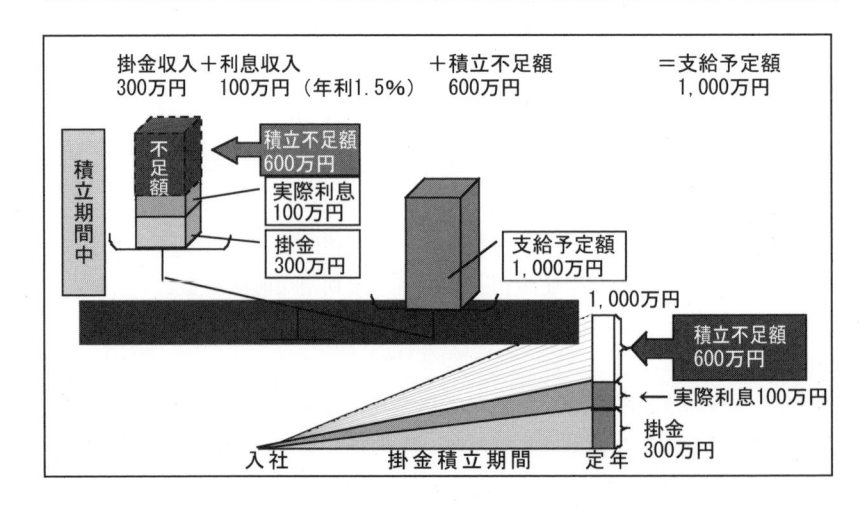

掛金収入＋利息収入　　＋積立不足額　　＝支給予定額
300万円　100万円（年利1.5％）　600万円　　1,000万円

積立期間中

積立不足額 600万円
実際利息 100万円
掛金 300万円
不足額

支給予定額 1,000万円

1,000万円
積立不足額 600万円
←実際利息100万円
掛金 300万円

入社　　掛金積立期間　　定年

適年の財政の更なる悪化が容易に想像できる時期が迫ってきました。
　適年自体は、税制上の非課税取扱いの基準が定められているだけの簡単な制度なので、積立不足が発生した際に強制的に解消する手段がありません。

① 退職金ってなに・見直しのポイントは

そのため、財政的に非常にもろい制度であり、そのままでは適年の積立金が底をつく企業が現れることも見込まれる状況になりました。

適年は、制度が破綻するとそのまま廃止になり、企業側にその責任を強要できません。これまで適年に退職金の支払いを頼ってきた企業では、従業員への退職金の支払いがままならないことになります。このまま退職金の支払いを強要すると、企業が倒産の危機に立たされかねない事態に陥ったのです。

♠新しい法律と適年の廃止

これらを受けて適年の廃止が議論され、そもそも積立不足が発生しない確定拠出年金制度や積立不足が発生した場合は企業の責任として強制的にそれを解消できる確定給付企業年金制度が制定され、スタートしました。

これらの法律施行により、平成14年4月以降は適年の新規契約はできないようになりました。そればかりか、すでに適年に加入していた企業についても10年間の移行期間が設定され、平成24年3月末で税制上の優遇措置をなくすことが決定されました。

税制上の優遇措置を受ける「税制適格」退職年金であることが、企業が適年を導入した大きな理由の1つです。優遇措置の廃止とともに適年を継続するメリットがなくなり、平成24年3月までに制度の廃止もしくはほかの制度に移行するかの選択を迫られることになったのです。

なお、平成24年4月以降の適年の取扱いについては、税制上の優遇措置がなくなるということだけが決まっており、実務上の取扱いはよくわかりません。平成24年4月以降に適年をそのまま存続させようとしたときの取扱いについては、現時点でわかる範囲での影響は図表11のとおりとなります。

【図表11　平成24年4月以降に適年を存続させるときの影響】

(1) 企業にとっての影響	①掛金	損金に算入できなくなる
	②運用益	課税対象となる
	③特別法人税	現在は凍結されているが平成24年4月以降の取扱いは未定
	④制度管理	受託機関が継続して事務を行えるか不明（ただし、閉鎖型年金はそのまま取り扱うと想定される）
(2) 従業員にとっての影響	①年金資産	年金資産が加入者のために保護されているが、法的根拠がなくなるため、このまま保護されるか不明
	②給付金	継続して、年金受給をしたときの公的年金等控除、一時金受給をしたときの退職所得控除の対象となるか不明（支給の趣旨からすると継続する可能性が高いと想定される）

Q10 適年廃止後の退職金制度のしくみは

Anser Point
♤ 年金制度は廃止して、一時金制度１本で考えましょう。
♤ 退職金制度と資金準備は、別々に考えましょう。

♠年金制度から一時金制度へ

　一般的な適年は、①定年退職者には年金（本人が希望すれば一時金で受け取ることもできます）、②中途退職者には一時金、を支給します。

　適年廃止後にこの方式をそのまま維持するためには、確定給付企業年金制度を取り入れるしかありません。しかし、確定給付企業年金制度は適年と同じように企業が運用責任を負うなど、特に中小企業では適年からの移行を躊躇することが多くなっています。

　適年廃止による退職者への支給方法で問題になるのが、定年退職者への年金の支給です。

　しかし、現行の適年でも、定年退職者で年金を選択する方は半数以下、企業によってはまったくいないところもあります。

　つまり、定年退職者の年金制度へのニーズは、必ずしも高いとはいえないのです。

　特に中小企業では、年金支給を容易に行える適年が廃止になった後、年金制度を維持するのはとても難しくなります。適年廃止後の退職金制度は、すべて一時金制度にするのが主流となるでしょう。

♠負担の大きい退職金の資金準備

　中小企業の退職金制度を考えるときに見過ごされがちなのは、資金準備をどう進めていくかです。

　平成12年度に税制が改正され、それまでの退職給与引当金制度が使用できなくなりました。現在では、退職給付を一時金と年金の区別なく、資産と債務を時価評価して計上していかなければなりません。

　会計上の問題以上に中小企業にとって負担となっているのは、キャッシュの準備です。退職金は一時的に多額のキャッシュが必要です。まして、複数の人が同一年次に定年退職をする場合などは、企業にきわめて大きな負担がのしかかります。

♠ 退職金の資金準備の方法は

　一時金のみの退職金制度にするのであれば、資金準備と退職金制度を分けて考える必要があります。

　これまで適年で退職金制度のすべてを運用してきた企業は、①退職年金規定という退職金制度そのものと、②掛金の拠出と退職者への給付という資金準備、の２つを併行して行えました。しかし、これからはそのような都合のよいシステムは、確定給付企業年金しかありません。それ以外の制度を導入するならば、企業自らが資金準備に責任を負うことになります。

　退職金の資金準備の方法は、大きく分けると、①企業の内部で準備する方法、②企業の外部で資金を積み立てる方法、の２つになります。

　退職金のように多額のキャッシュを内部で準備するのは、中小企業にとってはなかなか難しいかもしれません。

　中小企業退職金共済制度のように外部で準備する方法もありますが、この制度は適年のように自動的に掛金を見直すことをしてくれませんので、少なくとも数年に１度は将来の給付額を見込んで掛金の調整を企業が行う必要があります。

　また、中小企業退職金共済制度では、定年退職と中途退職の給付額に差をつけることができず、規定より多額でも積立額に応じた額がそのまま退職者に支払われます。そのため中小企業退職金制度を利用するときは、中途退職の給付額の一部をこの制度で賄い、実際に中途退職や定年退職になるときの支給額との差額は企業が内部で資金準備をすることが通例です。

　企業は、退職金全額ではありませんが、多少なりとも資金準備を考えなければなりません。

♠ 確定拠出年金と退職一時金

　確定給付企業年金制度以外で年金制度を行う方法には、もう１つ確定拠出年金があります。

　しかし、確定拠出年金は、適年のように定年退職と自己都合退職の差をつけることができません。また中途退職時に給付もできませんので、確定拠出年金を導入するときは、確定拠出年金と退職一時金制度を併用することが一般的です。

　退職一時金制度が存在する以上、そのための資金準備を考えなければならないことに変わりはありません。

Q11 これからの退職金の考え方は

Anser Point
♠ 退職金制度の存在意義からゼロベースで考えましょう。
♠ 退職金制度に成果主義を取り入れるか否かは、賃金制度全体を見て決めましょう。

♠ **退職金制度は必要か**

　退職金は、企業と従業員の労働契約により支払われる賃金制度の一部です。そうであるならば、給与や賞与で十分な賃金を支払えば、退職金を支給しなくても構わないかもしれません。

　実際に近年では、大企業を中心に、退職金を支給しない代わりに、月々の給与に退職金相当額を上乗せする前払い退職金制度に移行している企業が出てきています。

　また、終身雇用の概念の薄いIT関連企業を中心に、退職金制度を取り入れずにその分給与水準を高めているケースもみられます。

　これらの流れは、従業員側のライフプランに対する意識の変化にも原因があります。「老後に備えて、まとまった額の退職金を受け取りたい」という従来型のニーズがある一方で、今現在の生活を重視し、「給与が少ない若いころや教育資金がかかる中堅の時代にこそたくさんもらい、そのときどきの生活にあてたい」と考える人も増えています。

　しかし、退職金制度をなくしてしまうと、新規採用に悪影響が出ることもあります。また、従業員の企業に対する帰属意識が薄くなり、長期間のキャリアがのぞめないなどのマイナス面も聞かれます。

　まずは、企業が①退職金制度に何を期待するのか、②今後も退職金制度は必要なのか、をゼロベースで検討することが大切です。

♠ **退職金に貢献度の反映は必要か**

　退職金制度は、成果主義的要素を強くした制度から、まったく成果主義を除外した勤続重視の制度までさまざまな制度があります。

　退職金に企業への貢献をどの程度反映させるかについての正解はありません。それぞれの企業の退職金に対する考え方1つです。

　企業における最近の退職金制度の再設計をみていると、その多くはポイン

ト制退職金など在職中の貢献度を退職金支給額に反映させるシステムが取り入れられています。これは賃金制度全体の流れを見ると当然のことかもしれません。

　しかし、「給与や賞与を貢献度が反映されるシステムに変更したのだから、退職金も同じように貢献度を反映させる」のが、その企業に本当にあっているかはいま1度考える必要があります。

♠ 退職金は生涯賃金の一部

　退職金制度を廃止し、前払退職金を導入したものの弊害が出たため、退職金制度を再開した企業もあります。また、ポイント制退職金制度を導入した企業で、制度が複雑なためポイント管理がうまくいかず混乱している企業もあります。

　賃金制度全体のバランスが大切なので、給与、賞与、退職金の3種類にそれぞれどのような役割をもたせるか明確なポリシーをもつことが必要です。ポリシーが不明確で従業員に説明できない退職金制度は、残念ながらその存在意義を活かしきれていないことになります。

　企業に対する貢献は給与や賞与で十分反映させているので、退職金については勤続を重視するという考え方も正解です。反対に、長く勤続しただけで貢献が少なかった人の退職金が高いのはやはり納得がいかないという考え方も正解です。

　また、給与は生活保障もあるのでどうしても年功的にならざるを得ないため、賞与と退職金で大きく差をつけるという考え方も一理あります。

　退職金制度のみで考えるのではなく、図表12のように生涯賃金としてみたときに、従業員の会社に対する貢献をどこで反映するかを考えることが重要となります。

【図表12　退職金は生涯賃金の一部】

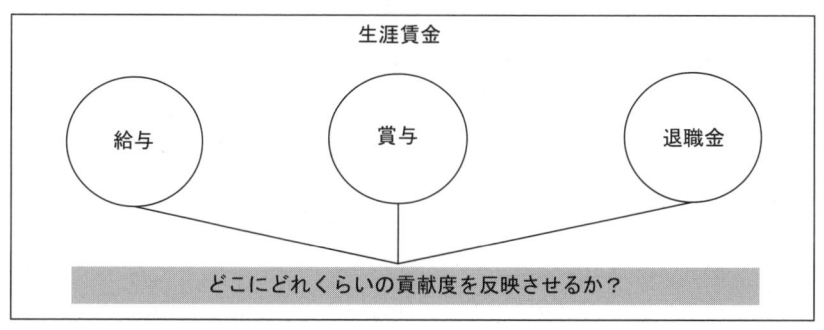

生涯賃金

給与　　賞与　　退職金

どこにどれくらいの貢献度を反映させるか？

Q12 中小企業の退職金制度の再設計法は

Anser Point
♤ 中小企業の退職金制度の種類は主に4種類が用いられます。
♤ 退職金の資金準備の方法には5種類があり、複数を組み合わせることがあります。

♠退職金制度の種類は

退職金制度を再設計するには、企業に対する貢献度をどの程度反映させるかにより、基本となる退職金のタイプが異なります。

中小企業の退職金制度は、主に図表13の4種類が使用されます。

【図表13 中小企業の退職金制度の種類】

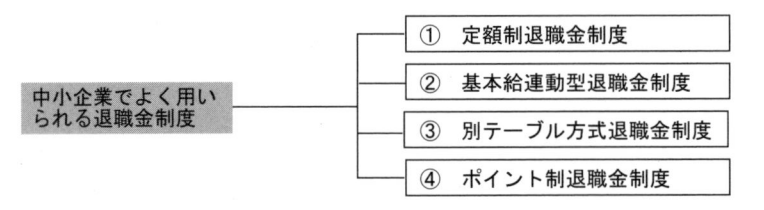

中小企業でよく用いられる退職金制度
- ① 定額制退職金制度
- ② 基本給連動型退職金制度
- ③ 別テーブル方式退職金制度
- ④ ポイント制退職金制度

退職金制度は同じタイプの制度であっても、設計方法によって成果主義的な要素の強弱をつけることができます（図表14参照）。

なお、図表13の③別テーブル方式退職金制度と、④ポイント制退職金制度は、どのような要素で退職金を算定する設計にするかにより、成果主義の強弱が大幅に異なります。

例えば、③別テーブル方式退職金制度では、基礎給を役職で設定して、基礎給に大きく差をつければ成果主義の要素が強まることになります。

また、④ポイント制退職金制度であれば、勤続ポイントだけで制度設計すれば成果主義の要素はなくなり、反対に貢献ポイントだけで制度設計を行い、貢献項目ごとの差を大きくすれば成果主義の要素は強まっていきます。

つまり、この2つの制度は、ほかの制度に比べて成果主義に対する制度設計の自由度が高いといえます。

♠退職金の資金準備の手法は

どのタイプの退職金制度にするかが決まったら、退職金の資金準備を考え

【図表14　成果主義的要素が付加できるかどうか】

タイプ	基本の制度	応用	弱い　←　貢献度　→　強い
定額制退職金制度	勤続年数ごとに一定金額を支給する方法	・最終役職に応じて、退職金を加算する方法 ・退職時に総合評価を行い、退職金を加算する方法	基本制度｜応用 ＞
基本給連動型退職金制度	最終基本給と勤続年数により退職金を決定する方法	・役職手当を基本給に合計して計算する方法 ・役職に応じて基本給に定額を加算してから計算する方法 ・退職時の総合評価により、退職金を加算する方法	基本制度｜応用 ＞
別テーブル方式退職金制度	退職金用の基礎給を用意して、最終基礎給と勤続年数により退職金を決定する方法		＜ 制度設計による ＞
ポイント制退職金制度	毎年ポイントを付与していき、そのポイント累計により退職金を決定する方法		＜ 制度設計による ＞

ます。中小企業の資金準備の方法は、図表15の5種類があります。

【図表15　退職金の資金準備の方法】

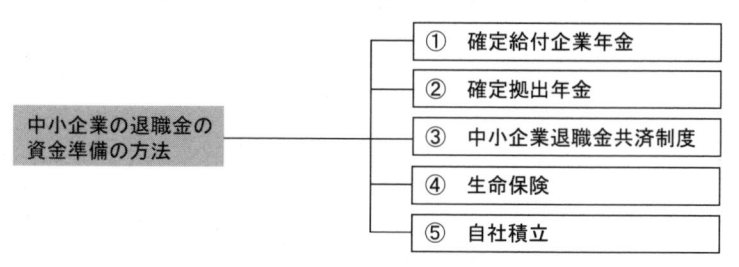

中小企業の退職金の資金準備の方法
- ① 確定給付企業年金
- ② 確定拠出年金
- ③ 中小企業退職金共済制度
- ④ 生命保険
- ⑤ 自社積立

　年金制度を取り入れるのであれば、図表15の①確定給付企業年金、②確定拠出年金のいずれかの制度です。③中小企業退職金共済制度は60歳以上の退職者は分割給付が受けられるので、年金制度と同じような意味をもたせることができます。また、④生命保険は、種類によっては年金給付が受けら

れるものもあります。

　定年退職と中途退職の支給額に差をつけようとするのであれば、退職理由によって支給額の差をつけられない②確定拠出年金、③中小企業退職金共済制度の２つは、自己都合退職の支給額の範囲内で行わざるを得ません。この場合は、そのほかの種類も組み合わせないと定年退職金の準備が不十分になります。

　なお、④生命保険の活用は、企業の外部の生命保険会社に保険料を積立ていますが、退職金の資金として法的に保護されていません。したがって、一見外部積立のようですが、本来は⑤自社積立のなかの１つの手法です。

　しかし、⑤自社積立は会計上、退職給付債務として計上するだけで実際にはキャッシュが存在しないのに対し、④生命保険の活用は、生命保険を解約すれば生命保険会社から会社へキャッシュで支払われるので、退職金支給時にキャッシュの心配が不要になります。また、商品によっては、保険料の全部または一部が損金となりますので、税務上有利になる場合もあります。

　どれも一長一短があり、また複数の方法で資金準備を行うケースも増えているのでどの方法や組合せがベストなのか迷います。

　しかし、企業規模によって、受託機関が引き受けてくれないなど、そもそも選択できない方法もあります。コストパフォーマンスやキャッシュの準備性など、それぞれの企業が重視する項目に適した方法を選びましょう（図表16参照）。

【図表16　退職金の積立方法の比較】

方法	年金制度の実施可否	定年退職金のキャッシュの準備性	費用の平準化（税務上の有利性）	コストパフォーマンス	想定企業規模
① 確定給付企業年金	○	○	○	△	100名以上
② 確定拠出年金	○	×	○	△	50名以上
③ 中小企業退職金共済制度	△	×	○	○	300名以下
④ 生命保険	△	○	△	△	制約なし
⑤ 自社積立	×	○	×	○	制約なし

注　コストパフォーマンスは、運用環境の変化により有利性が変動します。

Q13 自社にあった退職金ってどういう退職金のこと

Anser Point
♤退職金制度はシンプルで、賃金制度から独立していることが大切です。
♤将来制度変更ができる柔軟な退職金制度が望まれます。

♠中小企業の理想の退職金は

　賃金制度全体のなかでの退職金に対するポリシーが明確になっていて、従業員がその意義を理解していることが一番ですが、中小企業では現実的にはどのような退職金制度が求められるのでしょうか。
　結論からいえば、退職金はシンプルなしくみにすることです。将来さらに変更できるシステムが望ましいでしょう。

♠退職金はシンプルなしくみに

　中小企業では、専門の人事担当者がいないケースも多くあります。従業員数が100名以下であれば、人事担当者といっても、総務や経理業務を兼任していることがほとんどです。
　このような状態で複雑なシステムを導入するとパンクしてしまいます。退職金を決定する要素をあれもこれも含めてしまうと、従業員にとっても複雑でわかりにくいものになるばかりか、実際の運用も大変になります。
　シンプルなシステムであれば、定額制や基本給連動型の退職金制度が有効です。企業への貢献を加味したければ、定額制に役職加算制度を加えたり、勤続ポイントと役職ポイントだけの簡略のポイント制などが考えられます。
　あまり制度を複雑にしないためにも、加算対象やポイントの対象項目はできるだけ少数に絞りましょう。ポイント制は、履歴管理が大変だとよく聞きますが、年1回退職金ポイントを従業員に通知しておくなど、運用方法を工夫すれば十分カバーすることができます。

♠賃金制度とは分けて考えよう

　中小企業では、賃金制度から独立した退職金とすることが大切です。これまで多くの企業で用いられてきた基本給連動型退職金制度では、基本給の変化が退職金にも影響を及ぼすという弊害があります。

中小企業では、賃金制度そのものが確立していないケースもあり、中途採用者であれば前職の給与、新卒者であればその時々の世間相場で採用時賃金が決まることも多々あります。また、昇給も企業の業績によって明確な決定基準がないまま行われることもあります。

　賃金制度の改定時にもマンパワーが不足することから、賃金制度の改定だけで手いっぱいになり、退職金制度の改定まで行えないこともあります。

　このような状態で退職金制度を賃金制度に連動させるのはとても危険です。定額制や別テーブル方式、ポイント制など、賃金制度とは切り離して考えられる退職金制度にしましょう。

♠将来さらに変更できるシステムに

　最後のポイントは、柔軟性をもった制度とすることです。退職金制度を賃金制度と切り離しておいたとしても、例えば、賃金制度や人事制度が変更になると、退職金制度も多少の影響は受けます。

　退職金制度は、入社したばかりの新卒からすると、およそ40年後の議論をしていることになります。この間、まったく賃金制度や人事制度を変更しないことはないでしょう。

　例えば、役職加算のシステムとしていた場合に役職の責任度合いが変わったり、新しい役職ができるかもしれません。また、将来の経営者が退職金制度に成果主義を導入しようと考えるかもしれません。

　これらをいまからすべて想定しておくことは不可能です。制度変更時にそれまでの精算が容易で、また制度を変更しやすいシステムは、ポイント制退職金です。

　中小企業であっても、簡便なポイント制であれば実際の作業負担はあまりありませんので、導入を検討してみてはいかがでしょうか（図表17参照）。

【図表17　中小企業の退職金制度】

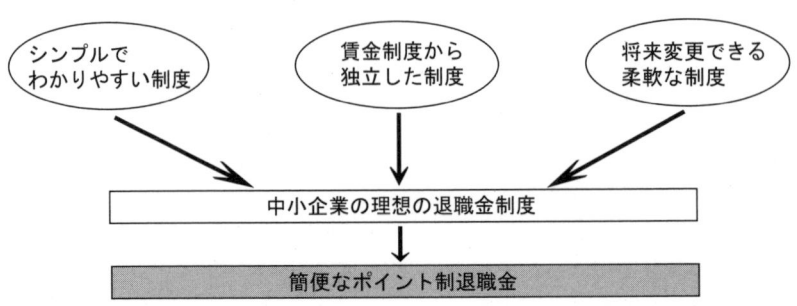

```
┌─────────────┐  ┌─────────────┐  ┌─────────────┐
│ シンプルで   │  │ 賃金制度から │  │ 将来変更できる│
│わかりやすい制度│  │ 独立した制度 │  │ 柔軟な制度   │
└──────┬──────┘  └──────┬──────┘  └──────┬──────┘
       │                │                │
       └────────────────┼────────────────┘
                        ▼
          ┌───────────────────────────┐
          │   中小企業の理想の退職金制度   │
          └──────────────┬────────────┘
                         ▼
          ┌───────────────────────────┐
          │    簡便なポイント制退職金    │
          └───────────────────────────┘
```

Q14 廃止される適年ってどういう年金のこと

Answer Point

♤ 適年契約というのは、法人税法施行令の要件に適合する契約を指します。
♤ 適年は、企業が受託機関に掛金を拠出し、退職時に従業員が受託機関から年金または一時金を受け取ります。
♤ 適年の積立不足とは、その時点での目標積立額（責任準備金）と資産総額の差（過去勤務債務）を指します。
♤ 適年廃止に向けて、徐々に加入者数は減っています。

♠ 適年契約というのは

　適年契約は、その契約内容が法人税法施行令159条に定める適格要件に合致するものとして国税庁長官が承認した退職年金に関する契約のことをいいます。
　具体的には、会社と受託機関である信託会社（信託銀行を含む）、生命保険会社、全国共済農業協同組合連合会が「新企業年金保険契約」を締結して適年を実施します。

♠ 適年の設立要件は

　適年を実施できる会社は、法人に限られているわけではありません。個人事業主であっても契約可能です。
　また、加入人数の要件もありませんので、小規模な会社であっても実施することができます。

♠ 適年への拠出は

　適年は、会社が掛金を毎月受託機関に拠出します。この掛金は、法人税法上の損金として認められ、また年金資産の運用収益が非課税となるなどの税法上の優遇措置があります。
　したがって、適年は、正しくは「税制適格退職年金」と呼びます。

♠ 適年の掛金の計算方法は

　適年の掛金は、図表18のように、①予定利率、②予定死亡率、③予定脱

退率、④予定昇給率を計算の根拠にして決定します。

【図表18　適年の掛金の計算根拠】

適年掛金の計算根拠	①	予定利率	法人税法施行規則（附則）に規定される「基準利率」以上で決定する。
	②	予定死亡率	国民生命表または厚生労働省通知の厚生年金基金標準死亡率により決定する。
	③	予定脱退率	実施企業の実績に基づき合理的に計算する。
	④	予定昇給率	実施企業の実績に基づき合理的に計算する。

　多くの適年が問題となったのは、このなかの予定利率です。予定利率は5.5％で設計されていることが一般的です。

♠適年の予定利率は

　適年も保険契約ですので、受託機関がその運用利回りを保証する利率があります。これが保証利率です。この保証利率は運用環境が悪化しても受託機関が最低限保証することになります。
　通常の保険契約では、予定利率＝保証利率となっていますが、前述のとおり、バブル崩壊後の運用環境の悪化から、予定利率＞保証利率となっている適年が大半を占めています。

♠適年からの給付は

　適年の契約形態は、図表19のとおりです。

【図表19　適年の契約形態】

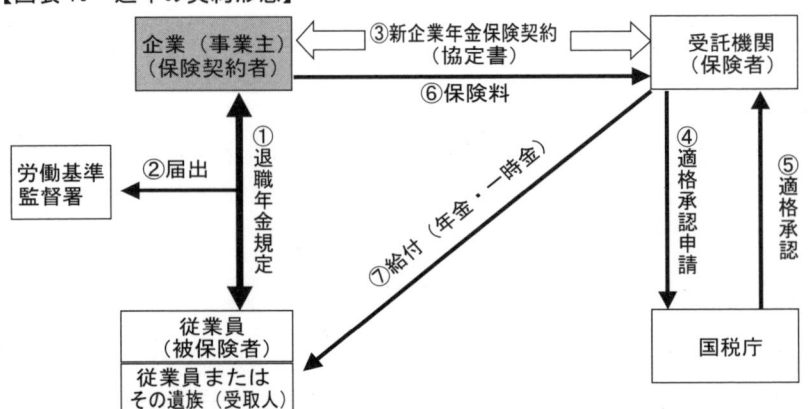

② 退職金制度見直しで行う適年の廃止・移行は

従業員は、退職すると受託機関から直接年金または一時金を受け取ります。

適年から支給される年金または一時金の金額は、退職年金規定で定めた金額です。この規定は、「特定の者を不当に差別的な取扱いをしないもの」であれば、比較的企業が自由に設計できます。

ただし、給付額を途中で減額することは、「その減額を行わなければ掛金等の払込みが困難になると見込まれることその他の相当の事由があると認められる場合」以外はできません。

♠適年の資産は

適年は、各従業員に年金または一時金を将来給付するしくみです。とはいっても、個人別に資産を管理しているのではなく、企業全体の資産としてプールします。

退職者には、この資産総額のなかから規定で計算した退職金額を支給します。

したがって、資産総額がなくならない限り、退職者への給付ができなくなることはありません。

言い換えれば、今現在の資産総額に積立不足がいくらあっても、退職者への給付は規定どおり問題なく行えます。このため適年では、積立不足の問題が表面化しにくかったのです。

♠適年の責任準備金は

適年も毎年決算を行います。図表20のように決算時にはその時点での責任準備金を計算します。

責任準備金は、複雑な計算式で計算しますが、簡単にいうと、適年のその時点での目標積立額となります。

【図表20　適年の責任準備金の計算】

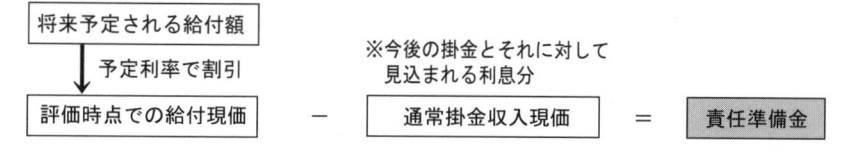

将来予定される給付額
↓予定利率で割引
評価時点での給付現価　－　通常掛金収入現価（※今後の掛金とそれに対して見込まれる利息分）　＝　責任準備金

♠適年の過去勤務債務は

責任準備金を計算したときに適年の資産総額と同じであれば、目標積立額をクリアしていますので、その適年は設計どおり健全な運用がされていることになります。

しかし、責任準備金＞資産総額のときは、目標積立額に達していませんので、積立不足がある状態となります。

この責任準備金と資産総額の不足額のことを「過去勤務債務」といいます。過去勤務債務がある場合は、これを解消するために通常の掛金のほかに特別の掛金を企業が拠出します。

| 責任準備金 | － | 資産総額 | ＝ | 過去勤務債務 |

♠適年の加入者数は

適年は、バブル期には節税と福利厚生の充実の両方を行えるということで、多くの中小企業で導入されました。適年を実施していた企業は、図表21のように平成12年3月末で81,466社、その加入者数はおよそ991万人に及んでいました。

【図表21　適年の加入者数】

年度	適年加入者数	適年加入企業数
平成12年3月末	991万人	81,466社
平成13年3月末	964万人	77,564社
平成14年3月末	915万人	73,913社
平成15年3月末	858万人	66,752社
平成16年3月末	777万人	59,162社
平成17年3月末	653万人	52,761社
平成18年3月末	567万人	45,090社
平成19年3月末	506万人	38,885社
平成20年3月末	442万人	32,825社
平成21年3月末	348万人	25,441社
平成22年3月末	249万人	17,184社

（出所：社団法人生命保険協会）

平成24年3月末の適年廃止期限に向けて適年の加入者数は次第に低下していっていますが、まだ相当数の加入者数が残っています。

そのうち大企業の適年は、ほぼ処理が完了しています。現時点でまだ適年の移行や解約が完了していないのは、中小企業であり、それもすでに中退共に加入しているなど、移行手続に何らかの問題を抱えているところが多いようです。

② 退職金制度見直しで行う適年の廃止・移行は

Q15 適年の適用要件は

Answer Point
♤ 税制適格要件は14種類あり、法人税法施行令により定められています。
♤ 実際には、生命保険会社などの受託機関が自主審査により税制適格かどうかの判断を行います。

♠ 税制適格の要件は

　適年は、その契約内容が法人税法施行令159条に定める適格要件に合致するものでなければなりません。この要件に1つでも該当しない場合は、掛金の損金算入など税法上の優遇措置が受けられないことになります。この場合は「税制非適格」となりますので、適年とは呼びません。

　法人税法施行令第159条で定められている要件は、図表22の14種類になります。

【図表22　適年の適用要件】

	項　目	要　件
1	目的	退職年金の支給のみを目的とすること（年金に代えて一時金を支給する場合を含む）
2	契約の形態	従業員を受取人として、事業主が保険料を払い込み、生命保険会社等がその従業員の退職を条件として、年金を支給するものであること
3	役員等の除外	法人の役員または個人事業主およびこれと生計をともにする親族ならびに臨時雇などの非常勤従業員が加入しないこと（使用人兼務役員は加入可能）
4	予定利率の変更	予定利率は財政再計算時以外には変更を行わないこと
5	適正な年金数理	掛金等の額および給付額が一定の基準に合致するほか、適正な年金数理計算に基づいて算定されていること
6	掛金算出方法の事前取り決め	掛金は、定額または給与の一定割合等の基準により、あらかじめ定められていること
7	過去勤務債務等の償却	過去勤務債務が生じた場合は、再計算時にあらかじめ定めた定額または給与の一定割合、あるいは未償却残高の一定割合を毎年償却すること
8	超過留保金の返還	財政再計算の結果、年金資産が将来の給付に充てるために留保すべき金額を超える場合は、その留保金額については掛金に充当するか、事業主へ返還するものであること
9	積立金の事業主への返還禁止	給付のために留保されるべき積立金は従業員に帰属するもので、特別な場合を除いて事業主へ返還しないこと

10	解約返戻金の従業員帰属	契約が解除された場合は、年金給付のために必要な積立金は特別な場合を除き、従業員に支給されること
11	給付額の減額	給付の減額は、その減額をしなければ掛金の払込みが困難になるなどの相当の事由があると認められる場合を除いて、行うことができないものであること
12	差別取扱いの禁止	掛金または給付の額、退職年金の受給要件について、特定の者に対し不当に差別的な取扱いをしないこと
13	特別利益享受の制限	この契約を締結したことにより、事業主は通常より有利な条件で貸付を受けるなど特別な利益を受けないこと
14	契約の継続	この契約が相当期間継続すると見込まれること

　「適年」はあくまでも通称であり、会社と受託機関が締結した「新企業年金保険契約」のなかで、14種類の要件をすべて満たしている契約のことを指しています。

♠税制適格か否かの判断は

　適年については、国税庁長官が承認することになっていますが、実際には国税庁の定めた「適格退職年金契約の承認事務運営要領」に基づき、国税庁の確認を受けた「適格退職年金契約の自主審査要領」に従い、生命保険会社等の受託機関がその契約内容の適格性について自主審査を行うことになっています。

　したがって、受託機関がその契約内容を適格であると判断すれば、その契約は適年となります。

　「適格退職年金契約の自主審査要領」は、社団法人信託協会年金専門委員会、社団法人生命保険協会、全国共済農業協同組合連合会が共同で作成しており、全部で37種類の項目をそれぞれ細かく定めています。

　自主審査要領における「自主審査表」は、図表23のとおりです。

【図表23　自主審査表】

	審査事項	確認欄
総括事項	① 申請書等の提出区分、提出期限、記載事項および添付書類は正しいか。	
	② 年金規定の施行日（変更日）、契約日および再計算日は正しいか。	
	③ 契約の要件は満たされているか。また、契約形態に応じた契約書類が作成されているか。	
加入者関係事項	④ 加入資格のない者を加入者に含めていることはないか。	
	⑤ 正当な理由がなく特定の使用人を加入者の範囲から除外していることはないか。	

	⑥ 加入資格が高年齢または長期の勤続期間になっていることはないか。また、正当な理由がなく、加入資格の取得期間（待期期間）を延長していることはないか。	
	⑦ 加入時期が加入資格を取得した直後の加入日になっているか。	
給付関係事項	⑧ 若年で退職する者に年金を支給することになっていることはないか。また、定年年齢または通常退職年齢がきわめて高い場合において、高年齢で退職する者のうち一部の者に限定して受給資格を付与していることはないか。	
	⑨ 年金および一時金は退職を給付事由として支給されることになっているか。	
	⑩ 年金と一時金が同時に支給されるようになっていることはないか。	
	⑪ 年金の支給期間が5年以上になっているか。	
	⑫ 退職事由、職種、職階等の相違により、受給資格および給付率（額）に不当な差別を設けていることはないか。	
	⑬ 給付制限をしているのは、懲戒解雇者または社会通念上給付を制限することが相当であると認められる場合のみになっているか。	
	⑭ 選択一時金および少額一時金の規定は正しく定められているか。	
	⑮ 相当の事由がなく加入者に不利となる受給資格の変更が行われていることはないか。また、相当の事由があると認められる場合以外において、給付の額の減額が行われていることはないか。	
掛金関係事項	⑯ 通常掛金等の拠出期間が制度加入時から退職時または通常退職年齢まで拠出するよう定められているか。	
	⑰ 掛金等の払込方法（拠出時期および拠出額）は正しいか。	
	⑱ 加入者が負担した掛金等の額が、掛金等の額の50％を超えていることはないか。	
数理関係事項	⑲ 掛金等の額および給付の額の算定の基礎となる基準給与は、適正か。	
	⑳ 通常掛金等の積立方法（積立方式および掛金等の形態）の変更は適正に行われているか。	
	㉑ 過去勤務債務等の積立方法（管理方式、掛金等の形態および償却割合）は適正に定められているか。また、これらの変更は適正に行われているか。	
	㉒ 通常掛金等の積立方式は、予定利率、予定死亡率、予定脱退率および予定昇給率（給与比例制の場合）を算定基礎とし、原則として平準的な掛金等によって事前積立を行うものとなっているか。	
	㉓ 予定死亡率、予定脱退率緒よび予定昇給率は、算定の時の現況において合理的に計算されているか。また、予定利率は設定の時および再計算日において基準利率以上となっているか。	
	㉔ 特定年齢は合理的に定められているか。	

その他の事項	㉕ 他社勤務期間の通算を行うこととしている場合は、年金規定等に通算に関する定めが明記されているか。また、共同委託（結合）契約の場合または出向・転籍に伴い掛金等を他社に負担させる場合には、その掛金等の負担方法は合理的に定められているか。	
	㉖ 過去勤務期間にかかる給付額の評価は100％以下の一定割合で行われているか。	
	㉗ 留保すべき金額を超える額（剰余金）は事業主に返還するようになっているか。また、剰余金および要留保額の計算は正しいか。	
	㉘ 要留保額の移受管の手続は正しく行われるようになっているか。	
	㉙ 臨時拠出金（ターミナルファンディング）の払込みは適正に行われているか。	
	㉚ 契約の全部または一部が解除された場合における要留保額は受益者等に帰属するようになっているか。	
特例適格年金関係事項	㉛ 特例適格年金契約において加入者数はその要件を満たしているか。	
	㉜ 特例適格年金契約において年金の給付水準は老齢厚生年金の報酬比例部分の10％相当額以上となっているか。	
	㉝ 特例適格年金契約において加入資格の取得期間（待期期間）は所定の期間内となっているか。	
	㉞ 特例適格年金契約において年金の受給資格の取得期間は加入（勤続）期間20年以下となっているか。	
	㉟ 特例適格年金契約において年金の支給期間は終身となっているか。	
	㊱ 特例適格年金契約において選択一時金等の額は年金の保証期間の設定の有無に応じて年金現価額の90％または保証期間部分の年金現価額を限度としているか。	
投資一任契約関係事項	㊲ 信託財産の運用に関して投資一任契約が締結されている信託契約において、法令に掲げる要件を満たしていることを証する書類を徴求し、確認しているか。	

適年は、受託機関の自主審査が原則です。受託機関は内容に疑義があれば国税庁の確認をとりながら、税制適格か否かの判断を行います。

しかし、図表23の自主審査表を見ていただければわかるように、どこまでが「適正」「合理的」かの判断については、事実上、受託機関に委ねられてしまいます。

適年は、このほかの法的根拠がありませんので、実務上の取扱いも受託機関によって異なっています。

適年を移管や解約をするときは、少しでも疑問があれば、本当にその取扱いが不可能なのか、受託機関によく確認しながら進めていくことをおすすめします。

Q16 適年のメリット・デメリットは

Answer Point
♤適年は、毎月の掛金が損金計上でき、オリジナルの制度設計がしやすい制度です。
♤積立金は、企業が引き出せず、従業員に退職金として必ず直接支払われます。
♤積立不足が生じても企業に穴埋めを強制できないので、制度が崩壊する危険があります。

♠税務上の優遇措置は

適年は、毎月の掛金を企業が損金として算入できます。

退職金を支払うときは、積立金のなかから受託機関が退職者へ直接支払いますので、退職時に企業は費用計上をしません。つまり、将来の退職金を毎月分割して費用計上するので、退職金支払時に一時的に収益を圧迫することがありません。

また、退職金支払時に現金の準備もしないで済みますので、退職金の支払いによる一時的なキャッシュフローの悪化も防止できます。

♠柔軟な制度設計が可能

適年は、人数要件がなく、非常に簡単な制度です。また、制度維持にかかる費用負担も比較的安価です。

中途退職の支給カーブを自在に設計できるなど、個々の企業の退職金に対する考え方にあった制度設計が可能になっています。適年と最も内容が似ている「確定給付企業年金制度（規約型）」と制度上の制約の違いを比較してみましょう（図表24参照）。

【図表24　確定給付企業年金制度（規約型）との比較】

			税制適格退職年金制度	確定給付企業年金制度（規約型）
1	制度の主体		企業・個人事業主等	厚生年金保険適用事業所の事業主
2	対象者等	対象者	退職金支払対象となる従業員	厚生年金保険の被保険者等

		加入資格	著しく高年齢、長期の勤続以上とすることは不可	30歳以上、勤続5年以上（一定年齢未満の場合は50歳未満）は少なくとも加入者とすること
		人数要件	なし	なし
3	老齢給付	支給要件	定年退職、中途退職（任意）	加入期間が20年以上は必ず支給
		支給開始年齢	若年者への年金給付は不可	60歳以上65歳以下（規約で定めた場合は50歳以上60歳未満の退職時も追加可）
		支給期間	終身または5年以上	終身または5年以上
		保証期間	任意	20年以内
		選択一時金	年金現価相当以下	年金現価相当以下
		支給要件	任意	加入期間が3年以上は必ず支給
4	脱退一時金	繰下げ支給	なし	脱退一時金の全部または一部の繰下げが可能
5	障害給付		なし	任意
6	遺族給付		任意	任意
7	給付額の算定方法		定額制、給与比例制、ポイント制	定額制、給与比例制、ポイント制、キャッシュバランスプラン

　このように、適年には老齢給付や脱退一時金の制度設計の制約がほとんどありません。そのため、中小企業では、それまでの退職金制度をそのまま適年にすることができたのです。これが中小企業にも数多く導入された大きな要因です。

♠退職金を必ず受け取ることができる

　従業員側から見た適年の最大のメリットは、受託機関が積立金を管理しており、その資産は企業がどのような状況になっても直接従業員に支払われることにあります。

　適年の積立金は、企業がどんなに資金に困っていたとしても、引き出すことはできません。また万が一にでも、企業が倒産するような事態になっても、積立金はすべて従業員に分配されます。

♠不足額の穴埋め義務がない

　適年の最大の欠点は、受給権の保護が不十分な点にあります。受給権の保

護は、簡単にいうと「従業員に対して約束した給付を必ず行う」ことです。適年は、その積立金は従業員のために保護されていますが、それ以上の保護を強制できるしくみがありません。

受給権を保護するには、①受託者責任、②積立義務、③情報開示の３つが欠かせません。なかでも制度を維持していくためには「②積立義務」が最も重要です（図表25 参照）。

【図表 25 適年の受給権保護】

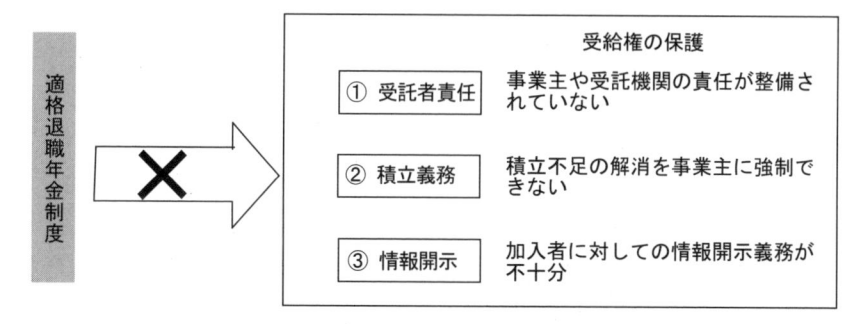

適格退職年金制度	✕ ⇒	受給権の保護	
		① 受託者責任	事業主や受託機関の責任が整備されていない
		② 積立義務	積立不足の解消を事業主に強制できない
		③ 情報開示	加入者に対しての情報開示義務が不十分

適年は、積立不足が生じても直ちに一括して穴埋めさせることができません。また、運用実績が良く剰余金が生じた場合は、適年にプールしておくことができず、事業主等に返還されます。

したがって、剰余金が発生した場合でも適年の積立金を増やすことはできず、反対に積立不足が生じた場合はそのまま放置されることになります。

積立不足が生じた場合は、財政再計算や制度の変更があったときだけに掛金を見直します。しかし、これも短期間での穴埋めは強制できません。穴埋めしている間に新たな積立不足が生じれば、雪だるま式に積立不足が増えていってしまいます。

積立不足がどんどん大きくなっていった場合には、最終的には適年の積立金が枯渇してゼロになってしまいます。

積立金が枯渇してしまった場合には、適年は解約されます。企業には、制度終了時にも積立不足に対する解消義務がなく、適年契約そのものが廃止となるだけです。

もちろん、労働条件としての退職金支払義務は残りますが、資金がなければ支払うことができません。

従業員に約束していた給付額どころかまったく退職金を支払えない事態も起こり得るのです。

Q17 移行先決定にあたっての検討課題は

Answer Point

♤ 適年の財政決算報告書で自社の適年資産の状況と積立不足額がわかります。

♤ 責任準備金には、受給者分と在職分の2種類があります。

♤ 近い将来に定年退職者がいるときは、移行のタイミングに気をつけましょう。

♠ 適年の現状を把握する

税制適格年金制度の移行先を検討する前に、自社の適年の現状を把握しなければなりません。

適年は、多くの場合、積立不足を生じていることはすでに説明しました。それでは、実際に自社の適年の積立不足がどの程度あり、実際の資産がどのくらいあるのかをみてみましょう。

適年を実施している企業には、受託機関から毎年、「財政決算報告書」を受け取っています。この財政決算報告書のなかの貸借対照表を見れば、現在の自社の積立不足と資産を把握することができます。図表26はその1例です。

【図表26 適年財政決算報告書の貸借対照表の例】

（平成22年3月31日現在。単位：万円）

借　方		貸　方	
科目	金額	科目	金額
保険料積立金	4,920	責任準備金	8,075
未収保険料	0	（加入者分）	7,000
過去勤務債務等の現在額	3,155	（受給者分）	1,075
		支払備金	0
		支払特別法人税	0
		未清算保険料	0
		超過積立金	0
合計	8,075	合計	8,075

この企業の場合は、現在計算上適年にあるはずの資産総額は8,075万円

ですが、実際の資産総額（保険料積立金）が4,920万円となっています。残りの過去勤務債務等の現在額3,155万円がいわゆる積立不足となります。

♠在職者の資産総額は

現在の適年の資産総額4,920万円がすべて移行のために使用できる資金かというとそうではありません。

右側の貸方のなかに責任準備金（受給者分）という欄があります。この欄は、すでに退職している受給者のために準備している費用となります。受給者分はすでに将来の支払いが確定している費用で、適年を移行するにせよ、解約するにせよ、必ず必要となる金額です。したがって、この責任準備金（受給者分）は、現在の在職者のためには使用できないことになります。

つまり、4,920万円－1,075万円＝3,845万円が実際に現在の在職者のために積み立てられている適年の資産総額となります。

これを加入者数で割ると、1人あたりの平均資産額がわかります。加入者数が50人であれば、平均77万円程度です。平均が50万円を超える場合は、多くの従業員が一時所得として課税されますので、解約の選択肢は困難になります（Q26参照）。

♠移行のタイミングは

移行に際して忘れてはならないのは、今後の定年退職者の予定です。制度を移行するためには、これまで全体でプールしていた適年の資産を加入者1人ひとりに割り振ります。積立不足を生じている適年では、分配額も本来積み立てられているはずの金額より少ないことは容易に想像できます。

特に退職金が高額となる勤続年数の長い定年退職者が近々にいる場合は、定年までの短い期間で不足している多くの資金を準備しなければなりません。不足分を企業で手当できる経営状況であれば問題ありませんが、負担が大きいのであれば、その対象者が退職してから制度を移行することをおすすめします。

適年は、全体で資産をプールしていますので、積立不足があっても定年退職者の退職金は満額支払うことができます。その分、資産総額が減少しますので、積立不足は増えますが、これは現在の積立不足とあわせて長い時間をかけて解消していく問題です。

目先の過大な負担により、企業経営に大きな影響を与えてしまっては元も子もありません。

Q18 適年の積立不足解消の方法は

Answer Point

♤積立不足の解消の計算方法には、定額法と定率法があります。
♤計算方法は、財政再計算や制度変更時しか見直せません。
♤積立不足を1度に解消することはできませんが、他の年金制度へ移行するときだけは認められています。

♦積立不足が起こる理由は

　適年は、制度設計上の予定利率より実際の運用利率が低くなることで、積立金に不足が生じていることがほとんどです。この積立金の不足が「過去勤務債務」です。

　適年から退職者に支払う退職金の計算方法や支給水準を変更すると、過去勤務債務は大きく変動します。

　例えば、定年退職者に対する支給額を引き上げたとします。実際に支給が行われるのは定年退職者が出たときですので、いますぐキャッシュが必要になるわけではありません。

　しかし、責任準備金は将来の定年退職金の準備を入社時から行ったと仮定して計算しますので、制度変更をすれば責任準備金も入社時にさかのぼって再計算されます。このため責任準備金が跳ね上がり、結果的に責任準備金と積立金の差である過去勤務債務も増えることになります（図表27参照）

【図表27　定年退職金引上げによる過去勤務債務の変化】

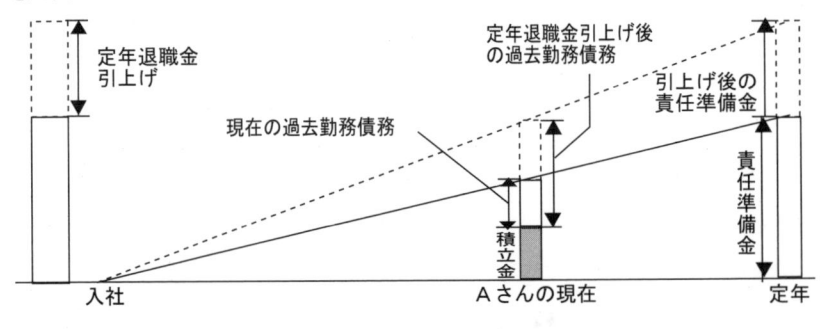

　また、適年は、掛金の計算も、責任準備金の計算と同じように将来の定年退職をゴールとして算出しています。しかも、従業員ごとに必要な掛金を計算して積み上げるのではなく、簡便になるように全体の平均値を推定して1

人あたりの毎月の掛金を計算します。

　Ｓ字型のカーブを描く退職金制度を導入している企業では、勤続年数が長期になると退職金が急激に上昇します。このため、若年層では実際の自己都合退職金より責任準備金が多く見積もられ、計算上は積立不足が生じることになります。

　実務上企業に必要な情報は現在の自己都合退職金であるのに対し、適年の過去勤務債務の計算では理論上の責任準備金が使用されるためミスマッチが生じます（図表28参照）。

【図表28　現在の退職金と責任準備金】

Ａさんの現時点での自己都合退職金	≠	Ａさん分の計算上の責任準備金

　適年は、①定年時のみ支給するタイプと、②中途退職者にも支給するタイプの2通りがあります。①定年時のみ支給するタイプでも、中途退職者がいれば適年から退職金を支給しないで済みますので、中途退職見込数は重要な情報です。

　中途退職者数は、各企業のこれまでの実績をもとにした予定脱退率で推測します。①定年時のみ支給するタイプでは中途退職者が予定脱退率より少ないと、想定より支給額が増えるため結果的に積立不足が増えます。反対に、②中途退職者にも支給するタイプでは中途退職者が予定脱退率より多く発生した場合に一時的に支給額が増え、定年退職まで勤続すれば支給額が跳ね上がるため、想定より定年退職者が増えても積立不足は増えることになります。

♠積立不足解消の方法は

　適年での積立不足を解消するための計算方法は、図表29のように大きく分けて定額法と定率法の2種類があります。この金額を数年間通常の掛金に上乗せすることにより、積立不足を徐々に解消していきます。

　定額法は、①過去勤務債務から直接決定する方法、②給与の一定額で決定する方法、の2種類の方法があります。いずれの方法も年間で過去勤務債務等の額の合計額の35％以内という制約があります。

　定率法は、過去勤務債務等の現在額の50％の範囲で、毎年の過去勤務債務に一定率を乗じて決定した額を償却します。この方法では、いつまでも積

立不足がゼロになりません。そのため、過去勤務債務等の現在額が年間の通常の掛金以下になった場合には、その年で積立不足の残額すべてを解消することが認められています（図表29参照）。

【図表29　積立不足解消の方法】

定額法	①	年間で過去勤務債務等の額の合計額の35％の範囲内で決めた一定額
	②	年間で過去勤務債務等の額の合計額の35％の範囲内で、給与の一定の割合を乗じて決めた額
定率法	③	過去勤務債務等の額のうちまだ支払われていない金額（過去勤務債務等の現在額）の50％の範囲で、過去勤務債務等の現在額に一定の割合を乗じて決めた額
一括償却	④	原則としては認められていないが、他の制度に移行するときには、一括してすべて解消することが認められる

♠積立不足を解消する金額の見直し時期は

　適年の積立不足の解消方法は、①退職金の計算方法や支給水準を見直すなど適年契約そのものを変更したとき、②5年に1度行われる適年の財政再計算のとき、にしか変更できません。

　積立不足の解消には、短くても3年をかけなければなりません。当然、早く解消しようとすれば、それだけその間の企業の負担は増します。負担を軽減しようとすれば、20年もの長期にわたって解消していくことも可能です。しかし、積立不足を解消している間にも、新たな積立不足は生じています。

　積立不足の解消の割合が少なく、解消するまでの年月が長いと積立不足が雪だるま式に増えていきます。

♠積立不足を1度に解消するには

　適年では、積立不足を1度に解消することができません。これは、掛金が損金となる税務上の優遇措置により、積立不足の解消のために企業が拠出する追加の掛金も同じように損金になるからです。

　つまり、企業がその年の税金を減らすために、業績がよい年度に1度に解消しようとすることを防止しているのです。

　しかし、確定給付企業年金や確定拠出年金制度に適年を移管する場合に限り、これまでの積立不足を一度に解消する（一括償却）ことが認められています（図表29参照）。このため、企業業績がよい年度を狙って適年を移行すると効果的な場合があります。

Q19 適年の給付引下げの手続は

Answer Point
♤適年は、特別な事情がない限り、給付の引下げはできません。
♤給付の引下げには、加入者の3分の2以上の同意等が必要です。
♤すでに年金を受けている定年退職者には、引下げの効力は及びません。

♠給付水準の引下げはできないか

　適年は、給付水準を引き下げることは原則として認められていません。しかし、「その減額を行わなければ掛金等の払込みが困難になると見込まれることその他の相当の事由があると認められる場合」には、所定の手続を経て給付水準を引き下げることができます（図表30参照）。

【図表30　給付の減額を行わなければ掛金等の払込みが困難になると見込まれることその他の相当の事由があると認められる場合（適格退職年金契約の承認等に関する取扱いについて　法令解釈通達　1-26）】

(1)　受益者等が厚生年金基金の加入員となったため、又は既に厚生年金基金の加入員である当該受益者等に係る適格年金契約に基づく給付の額の一部を当該厚生年金基金に係る給付の額に含めるため、当該厚生年金基金に係る給付の額に含める部分に相当する給付の額を減額する場合

(2)　受益者等が確定給付企業年金法（平成13年法律第50号）第2条第1項《定義》に規定する確定給付企業年金（以下「確定給付企業年金」という。）の加入者となったため、又は既に確定給付企業年金の加入者である当該受益者等に係る適格年金契約に基づく給付の額の一部を同法第3条第1項《確定給付企業年金の実施》に規定する確定給付企業年金に係る規約に基づく給付の額に含めるため、当該確定給付企業年金に係る規約に基づく給付の額に含める部分に相当する給付の額を減額する場合

(3)　給与水準の引上げ又は定年年齢の引上げ等雇用条件の改善の見返りとして給付の額を減額する場合

(4)　事業主が債務超過の状態にある等経営不振の状態に陥ったため、給付の額を減額する場合

(5)　運用利回りの著しい低下等の事由により過去勤務債務等の額が著しく増加し、給付の額を減額しなければ掛金等の払込みが困難になると見込まれるため、給付の額を減額する場合

(6)　合併又は営業の譲渡に伴い、被合併法人又は営業の譲渡を行った事業主の適格年金契約の給付水準に合わせるため、給付の額を減額する場合

(7) 受益者等が確定拠出年金法第2条第8項《定義》に規定する企業型年金加入者（以下「企業型年金加入者」という。）となったため、又は既に企業型年金加入者である当該受益者等に係る適格年金契約に基づく給付の額の一部を当該企業型年金加入者の同条第12項《定義》に規定する個人別管理資産に充てるため、給付の額を減額し、同法第54条第1項《他の制度の資産の移換》及び確定拠出年金法施行令（平成13年政令第248号）附則第2条第3項《適格退職年金契約に関する特例》の規定により適格年金契約の資産の移換を行う場合

(8) 受益者等が中小企業退職金共済法（昭和34年法律第160号）第2条第3項《定義》に規定する中小企業退職金共済契約（以下「中小企業退職金共済契約」という。）の被共済者となったため、当該受益者等に係る適格年金契約に基づく給付の額の一部を確定給付企業年金法附則第28条第1項《適格退職年金契約に係る資産の独立行政法人勤労者退職金共済機構への移換》に規定する被共済者持分額に含めるため、給付の額を減額し独立行政法人勤労者退職金共済機構に引き渡す場合

♠確定給付企業年金に移行するときは

　厚生年金基金や確定給付企業年金制度を新たに始めたり、すでにこれらの制度をもっている場合には、そこに適年の資産を移す場合は移した金額に相当する部分は適年の給付額を減額することができます。

　つまり、両者の制度をあわせてプラスマイナスゼロ以上なら適年を減額できるということです。

　なお、確定給付企業年金への移行には、平成24年3月までの経過措置として、給付の減額を可能とする特例が設けられています（図表31参照）。

【図表31　適格年金から確定給付企業年金への移行に際する給付の減額の理由の経過措置（確定給付企業年金法施行規則附則第5条より）】

> 平成24年3月31日までの間、事業主等が適格退職年金受益者等に係る給付の支給に関する権利義務を承継する場合であって、給付の額を減額することにつきやむを得ない事由があること。
> ただし、適格退職年金受益者等に係る給付の支給に関する権利義務を承継する場合であって、給付の額を減額することを内容とする規約の変更を行うときは、加入者の給付（受給権を有する加入者の当該受給権に係る給付を除く。）に限り行うものとする。

　この経過措置によれば、適年に現在ある積立金に相当する金額まで給付水準を引き下げてから、移行することが可能になります。つまり、適年の資産総額の範囲で移行できますので、実務上は制約がないに等しくなります。

　ただし、加入者の3分の2以上の同意と、3分の1以上で組織する労働組合がある場合はそのすべての労働組合の同意を得なければなりません。

♠確定拠出企業年金に移行するときは

　確定拠出企業年金制度に適年を移す場合は、適年を減額することができま

す。確定拠出年金は、積立不足を解消してから移行することが義務づけられていますので、現在ある積立金に相当する金額まで適年自体の給付の水準を引き下げてから、そのすべてを確定拠出企業年金に移すことになります。

この場合も加入者や労働組合の同意を得てから行わなければなりません。

♠中小企業退職金共済制度（中退共）に移行するときは

中退共に適年を移す場合も、適年を現在ある積立金に相当する額まで減額できます。この場合は、適年を解約して積立金を各従業員に計算上分配し、その個人個人の金額を中退共に引き渡すことになります。引渡しは、会社を経由するのではなく、適年の受託機関から中退共に直接行われます。

♠そのほか特別の事情があるときは

このほか、①給与水準や定年引上げなどの雇用条件の改善の見返りに給付水準を引き下げる場合、②債務超過など深刻な経営不振の状況に陥った場合、③運用利回りの著しい低下などにより過去勤務債務が著しく増えて掛金の払込みが困難になると見込まれる場合、などの特別な事情がある場合は給付水準を減額することができます。

ただし、③の過去勤務債務の増加による場合は、新たに増加した過去勤務債務等の額に相当する金額の範囲内でしか減額ができません。

これらの特別な事情で給付水準を引き下げる場合も、加入者や労働組合の同意を得なければなりません。

♠年金を受給している定年退職者の給付の引下げは

すでに企業を定年退職し、適年から年金を受給する資格を得ている受給権者には、上述の給付の減額の効力は及びません。

これは、法令上、企業を退職したときにすでに退職金が確定しており、それを年金として分割して受け取っているだけとみなされるからです。したがって、受給権者の給付額を減額する場合には、受給権者1人ひとりの同意が必要です。

受給権者については、3分の2以上の同意があっても受給権者全員の給付額が引き下げられるのではなく、同意してくれた人だけを減額することができるのです。

Q20 適年・退職一時金を併用するときの検討ポイントは

Answer Point

♤ 退職年金規定と退職金規定は、内枠方式と外枠方式があります。
♤ 適年には、定年時だけ給付するタイプと中途退職にも給付するタイプがあります。
♤ 適年だけを考えるのではなく、退職年金規定と退職金規定の両方をあわせて考えます。

♠ 適年には内枠方式と外枠方式がある

適年と退職一時金を併用している場合は、まずこの２つの関係をしっかり理解しないとなりません。

２つを併用している場合は、企業に退職金規定と退職年金規定の２種類の規定が存在します。このなかで適年の支給方法や支給水準を定めているのが退職年金規定です。両者の関係は、①内枠方式と、②外枠方式のいずれかです。

退職金規定で計算した退職金額から、適年で計算した金額を差し引いて企業が支給する方法が内枠方式です。

退職金規定で計算した金額を企業がそのまま支給し、これとは別に適年分を受託機関が支給する方法が外枠方式となります。

その企業の適年が退職金規定の内枠方式か外枠方式かは、退職金規定で定められているはずです。しかし、ごくまれに企業が内枠方式として退職金規定で計算した金額から適年で支給される金額を差し引いて支給しているにもかかわらず、そのことが退職金規定に記載されていないことがあります。

この場合は、外枠方式として退職金規定と退職年金規定のそれぞれで計算した額を両方とも受け取れるとの見方もできますので、退職者とのトラブルを招く原因になります。適年の廃止または移行のタイミングを待たずに、早急に退職金規定を修正しましょう。

♠ 適年には定年のみの給付と中途退職でも支給する場合がある

もう１つ注意しなければならないのは、適年が①定年退職時のみ給付するのか、あるいは②自己都合など中途退職時にも支給をするのかです。

中途退職時の適年からの支給は一時金であることがほとんどなので、退職年金規定の一時金の支給対象者を見れば、どちらのタイプの適年なのか判断

できます。

　この中途退職の給付の有無と、内枠方式と外枠方式の関係は図表32のようになります。

【図表32　内枠方式と外枠方式の関係】

適年のみ	内枠方式		外枠方式	
退職金規定はなく、退職年金規定で100％支給	退職金の一部（定年給付のみを）退職年金規定から支給	退職金の一部（退職金の50％等）を退職年金規定から支給	退職金とは別に退職年金規定からも支給	定年時のみ退職金に退職年金を加算して支給

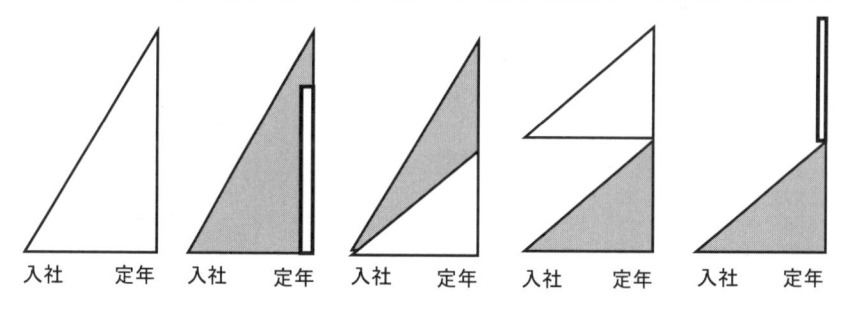

入社　定年　　入社　定年　　入社　定年　　入社　定年　　入社　定年

注：白い部分：適年制度　　灰色部分：退職金（一時金）制度

♠**内枠方式の適年は**

　内枠方式における適年は、給付よりも退職金の資金準備が目的です。退職金の支給額は、退職金規定で決定しますので、退職金制度全体を見直さない限り、適年が廃止になっても、企業の退職金制度の水準に影響はありません。

　ただし、適年では、これまで積立不足の有無にかかわらず資産総額の中から規定どおりの給付を行っていました。適年に積立不足があった企業では、どのような制度に移行または廃止するにせよ、企業が退職金のために準備しなければならない資金はこれまでより増えることが確実です。

　特に定年退職時のみに支給する適年の場合は、これまで高額となる定年退職金の一部を適年で補填し、企業の負担を軽減することを目的にしていたと考えられます。適年廃止後は、定年退職のみの支給を行う制度はありません。退職金の水準をこのまま維持するのであれば、適年の資産を有効活用して今後の準備方法を検討しましょう。

♠**外枠方式の適年は合算して考えよう**

　外枠方式で適年を活用している場合は、別々に存在している退職金規定と

退職年金規定の2つの規定をあわせて考えます。

両方の規定を合算すれば、内枠方式と何ら変わりはなくなります。適年だけをどうにかしようとしても、給付額をそのままにして確定給付企業年金制度に移行する以外は、必ず現行の退職年金規定とズレが生じます。

ズレが生じた部分は、退職金規定に上乗せして総額を調整することになりますので、最初から一体で考えたほうがスムーズです。

なお、定年退職時のみ給付するタイプの適年では、図表32を見る限り両者を合算しても同じ制度にならないように感じますが、現実の給付方法を考えるとほぼ同じ制度であることがわかります（図表33参照）。

【図表33　定年退職時のみ給付するタイプの比較】

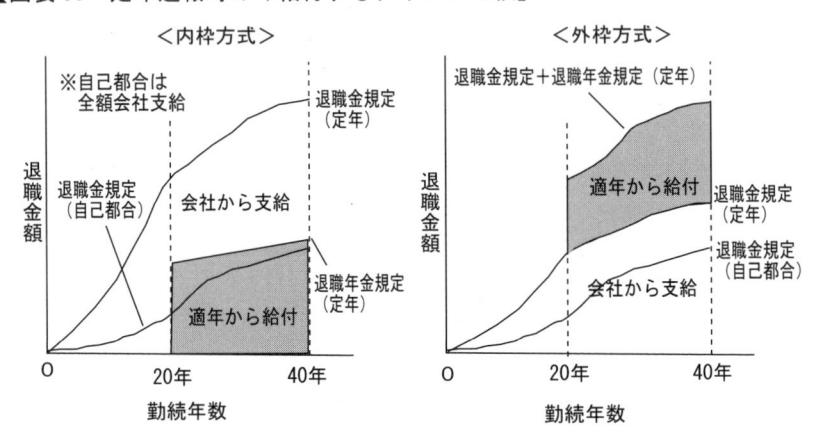

＜内枠方式＞　　　＜外枠方式＞

♠年金制度の分離は

適年が退職金規定1つになったところで、①年金制度を残すか、②残す場合の年金制度の水準はどうするか、を検討します。

適年廃止とともに年金制度もなくし、退職一時金だけにするのであれば、退職金規定は1本で考えればよくなります。

年金制度を残すのであれば、適年の資産状況、新制度における掛金の水準を考慮し、どの程度の支給水準の年金制度とするかを決定します。

年金制度の方針が決定したら、年金給付分は退職金規定から分離します。積立不足を解消せずに、現在ある適年の資産で新しい年金制度をつくろうとすると、移行後はこれまでより小さな年金制度になります。

縮小された年金部分は、新たな退職年金規定を分離して残った退職一時金制度に上乗せされたことになります。

Q21 適年廃止に伴う移行先は

Answer Point

♤ 適年の移行先として名前があがる制度のなかには、資産は移行できず、いったん適年を解約する制度があります。
♤ 本来の適年の移行とは、適年の資産を移行できる5種類の方法です。

♠ 移行と解約の違いは

適年の移行先として名前があげられている制度のなかには、①適年の資産を移行できる制度と、②資産をそのまま移行できない制度、の2種類が混在しています。

適年の資産をそのまま新しい制度に持ち運べる制度が、本来の意味での「適年移行先」です。

反対に、適年資産の移行ができないものは、適年の退職金の資金準備機能だけを代替する措置になります。この代替措置の制度も、移行先としてPRされるケースがあるため、混同している方も多いようです。

移行と混同される退職金の積立手法には、図表34のようなものがあります。

【図表34　移行と混同される退職金の積立手法の例】

	制度名称	特　徴
①	特定退職金共済制度	内容は中小企業退職金共済制度に似ており、商工会議所などが実施している。中小企業の制約がないため、大企業でも加入できる。
②	生命保険利用	生命保険の掛金として生命保険会社に企業が拠出し、満期または中途解約金で退職金の資金準備を行う。資産は社外にあるが退職金としての保護はされない。
③	自社での資産運用	株式など自社で行う資産運用で退職金の資金準備をする。毎年の利益のなかで行うため節税効果はなく、ほかの資金と一緒になるため退職金としての保護はされない。

♠ いったん適年を解約する制度

退職金の資金準備機能を代替する措置に移行する場合は、正確には適年をいったん解約します。解約した適年の資産は、従業員に分配されます。この分配された資産は、退職金の前払いをしていることになるのですが、税制上は退職所得とはならず、一時所得となります（Q26参照）。

いったん従業員に分配されると、それを企業に戻してもらうことはできません。適年で分配された資産とはまったく関係なしに、あらためて移行先とされているそれぞれの制度で退職金の積立をはじめます。つまり移行ではなく、まったく別の制度に乗り換えているのです。

♠適年の移行先は

本来の意味での適年の移行先は、適年の資産を制度上そのまま引き継ぐことができる制度です。

これらの制度に適年を移行する場合は、適年の資産をまず適年に加入している従業員で配分します。配分するといっても計算上だけで、従業員が実際に解約金を受け取るわけではありません。

適年は、その資産を個人別に管理しておらず、適年を実施している企業全体の資産として捉えていました。適年の移行先となる制度は、基本的に個人別に資産を管理する制度ですので、移行時に適年の資産全体を計算上、従業員1人ひとりに配分しなければならないのです。

この配分された資産は、従業員の手を経ることなく、新制度を行う機関に移されます。これが法律で記されている「移換」です。

適年の資産を移換できる移行先、解約して乗り換える先としては、図表35の7種類になります。

【図表35　適年の資産を移換できる先】

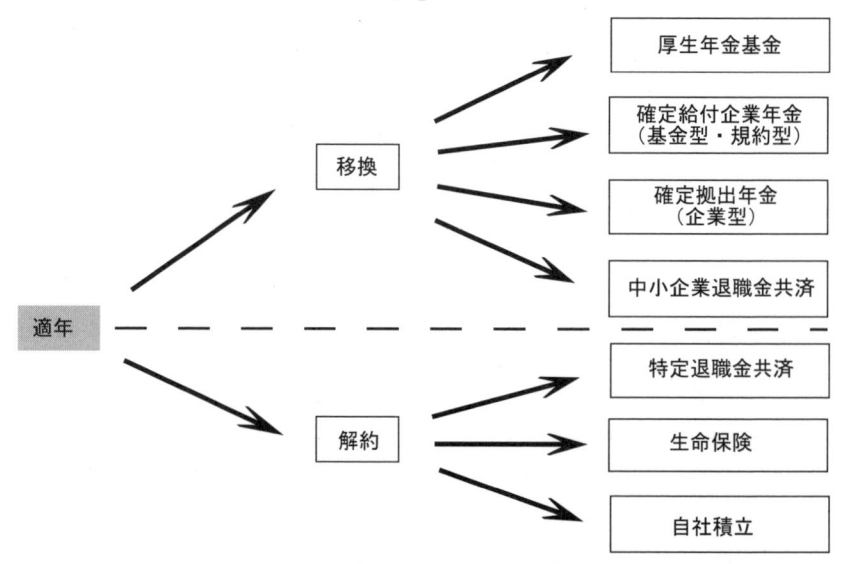

適年 →（移換）→ 厚生年金基金／確定給付企業年金（基金型・規約型）／確定拠出年金（企業型）／中小企業退職金共済

適年 →（解約）→ 特定退職金共済／生命保険／自社積立

Q22 移行先ってどういうこと・その違いは

Answer Point
♤ 厚生年金基金（Q35、36の総合型を除く）と確定給付企業年金（基金型）は、中小企業の移行の選択肢にはなりません。
♤ 確定給付企業年金制度（規約型）は、将来の給付水準があらかじめ決まっていて、資産の運用責任は企業が負います。
♤ 確定拠出年金制度は、企業は毎月の拠出金だけ責任を負い、将来の給付水準は従業員の運用次第で決定します。
♤ 中小企業退職金共済制度は、中小企業で最も利用されていますが、大企業や、すでに中退共に加入している中小企業は適年の移行ができません。

♠移行先①／厚生年金基金

厚生年金基金は、原則として500人以上の被保険者を使用する企業が設立することができる制度です。当初は国が行う厚生年金保険報酬比例部分の制度運営を代行（代行部分）し、上乗せの給付（プラスアルファ部分）を行う制度でしたが、現在は代行部分を国に返上することが認められています。

プラスアルファ部分の給付水準は、代行部分の1割以上であることが要件となっています。

企業が設立していますので、基金の運用責任はその基金に加入している企業ですべて負うことになります。

なお、新規に自社が設立するのではなく、同業会社等が集まって設立されている既存の総合型の厚生年金基金がある場合は、そこに加入する選択枝もあります（Q35、36参照）。

♠移行先②／確定給付企業年金制度（基金型）

確定給付企業年金制度には、2種類あります。基金型は、簡単にいうと、厚生年金基金の厚生年金保険報酬比例部分を代行返上した制度です。契約形態は、図表36のとおりです。

基金型確定給付企業年金制度を行うには、加入者数が300名以上いることが見込まれることが要件となっています。

厚生年金基金同様、企業が従業員の同意を得て規約を作成し、企業年金基金の設立を厚生労働大臣の「認可」を得て実施します。

【図表36　確定給付企業年金（基金型）のしくみ】

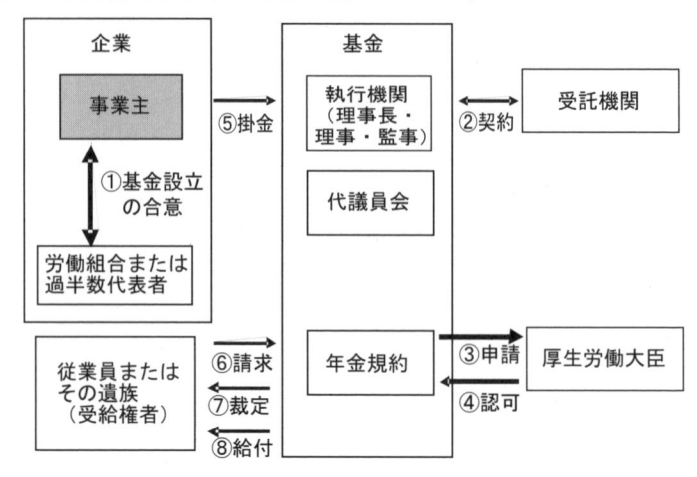

♠移行先③／確定給付企業年金制度（規約型）

　中小企業の適年の移行先にあげられる確定給付企業年金制度は、一般的にはもう1つの規約型を指します。そのしくみは、図表37のとおりです。

【図表37　確定給付企業年金（規約型）のしくみ】

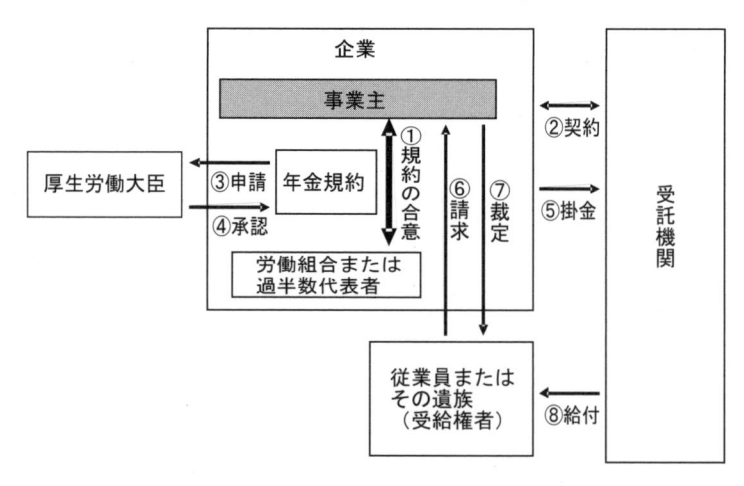

　この制度の設立形態は、適年とほぼ一緒です。企業が従業員の同意を得て規約を作成し、厚生労働大臣の「承認」を受けて実施します。制度の運営主体は企業で、企業は信託会社や生命保険会社などと契約を結び、外部で年金資産を運用・管理することになります。
　この制度は、あらかじめ従業員に対する給付水準を規約で定めています。

② 退職金制度見直しで行う適年の廃止・移行は

給付水準が決まっていて、資産の運用責任は企業が負いますので、積立不足が生じた場合には企業が穴埋めしなければなりません。

退職する従業員に対する給付は、適年よりやや制限されたとはいえ、柔軟な制度設計ができますので、定年時の年金給付や中途退職時の一時金の支給が可能です（Q16参照）。

加入者数の要件は、法律上の定めはありませんが、加入者数が50名以上でないと信託会社や生命保険会社が契約を引き受けてくれないようです。

♠移行先④／確定拠出年金制度（企業型年金）

確定拠出年金制度には、企業型と個人型の2つのタイプがありますが、企業が拠出でき、適年の移行先になるのは企業型年金です。そのしくみは、図表38のとおりです。

【図表38　確定拠出年金制度（企業型年金）のしくみ】

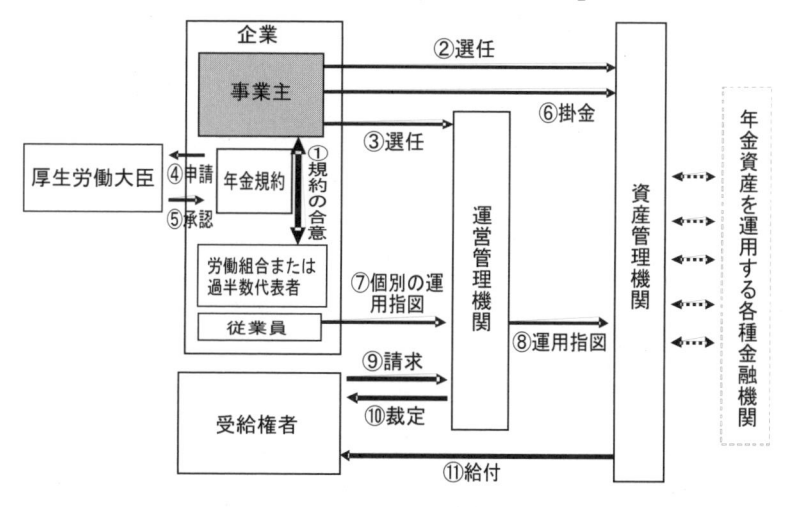

確定拠出年金（ここでは特に断りがない限り、企業型年金を確定拠出年金と呼びます）は、労使の合意に基づき規約を定め、厚生労働大臣の「承認」を受けて実施します。複数の企業で1つの規約を定めることもできるので、グループ企業などで共通の制度を行うことも可能です。

確定拠出年金制度は、企業が掛金を「資産管理機関」に拠出します。従業員はその個人別の資産の運用を「運営管理機関」に指図し、運営管理機関がそれをとりまとめ、資産管理機関に運用指図を行います。

企業は、毎月拠出する責任だけを負い、将来の給付水準は従業員の運用指

図次第で決まります。したがって、運用責任は、従業員が負っています。

この制度は、退職金というよりも、年金制度の補完制度です。したがって、原則として60歳まで給付されません。たとえ中途退職をしても、60歳になるのを待ってからようやく年金給付を受ける権利が発生します。

確定拠出年金制度も加入者の人数要件は特にありません。ほかの企業と同じ規約で行う総合型であれば、加入者数20名程度から引き受けてくれる金融機関があるようです。

♠移行先⑤/中小企業退職金共済制度

中小企業退職金共済制度は、独立行政法人勤労者退職金共済機構が実施している退職金共済制度です。加入できる企業は中小企業に限られますが、中小企業では適年の移行先として最も利用されている制度です。

そのしくみは、図表39のとおりです。

【図表39　中小企業退職金共済制度のしくみ】

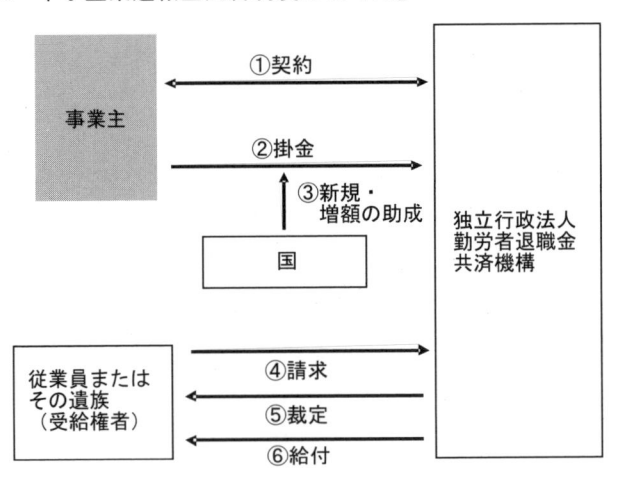

制度自体はシンプルで、企業が雇用する従業員を加入対象にして、機構と「共済契約」を締結します。企業が毎月掛金を機構に拠出し、機構は、個人別の資産管理と加入企業全体の資産運用を行います。

将来の退職金は1％の予定利回りによる基本退職金と、運用実績が予定利回りを上回ったときに上乗せされる付加退職金から構成されます。従業員が退職するときは、本人が直接機構に請求して退職金を受け取ります。

この制度は、中小企業に該当すればすべての企業が加入できますが、すでに中退共に加入している企業は、適年の資産を移行することができません。

Q23 移行先ごとのメリット・デメリットは

Answer Point

♤ 確定給付企業年金は、適年から大幅な制度変更が不要で、受給権の保護が強化されています。反面、企業の財務負担が大きくなることがあります。

♤ 確定拠出年金は、企業は追加拠出の心配はありませんが、60歳になるまで給付がされないため、中途退職時の一時金の支給ができません。

♤ 中小企業退職金共済制度は、追加拠出を求められることはありませんが、現在積立不足があるためやや不安です。また、退職理由により給付の差をつけることができません。

♠ 確定給付企業年金（規約型）への移行のメリット・デメリットは

　確定給付企業年金は、現在の適年に最も似ている制度のため、移行がスムーズに行えます。また、中途退職時の一時金の給付が可能なため、現行制度を大幅に変更しないで済みます。

　従業員も受け取れる給付額が確定しているため、将来計画が立てやすい利点があるうえ、適年の欠点であった受給権を保護するため、受給権の付与や最低積立基準等の規制が強化されています。

　反面、運用環境が低迷した場合に、積立不足の問題につながりやすいというデメリットもあります。受給権の保護が強化された結果、基準に達しない場合は掛金の引上げもしくは追加拠出などの積立不足への対処が要求されますので、企業の財務負担は大きくなります。特に、運用環境が低迷するときは、一般的に企業業績も悪化が見込まれます。この時期に追加負担を求められるのは、中小企業にとってつらい状況になります。

　また、適年と同等の水準を維持しようとした場合には、予定利率が適年より低くなるので、掛金が増大することが予想されます。なお、制度を維持するための企業の費用負担も、適年より過大になるのが一般的です。

♠ キャッシュバランスプラン

　最近では、確定給付企業年金制度の中でもキャッシュバランスプランに移行する企業も出始めました。キャッシュバランスプランとは、ハイブリッド

型とも呼ばれ、確定給付型と確定拠出型の両方の特徴をもつ制度です。

　確定給付企業年金は、将来の給付水準が確定しているため、適年と同じように予定利率で割り引いて掛金を決定しています。このため、運用環境が悪ければ積立不足が生じる可能性があります。

　キャッシュバランスプランは、この予定利率に国債の利回りなど市場の運用環境に連動する利回りを使用します。これを指標金利といいます。予定利率が変化するので、運用環境の悪化による積立不足が生じにくくなります。

　退職者への給付は、企業が拠出した個人ごとの積立額（持分付与額）と指標金利の実績値により変動する利息付与額の累計で決定されます。したがって、指標金利の動向により、同じ勤続年数でも在籍していた年代によって、従業員ごとの給付水準が異なることになります（図表40参照）。

【図表40　キャッシュバランスプランのしくみ】

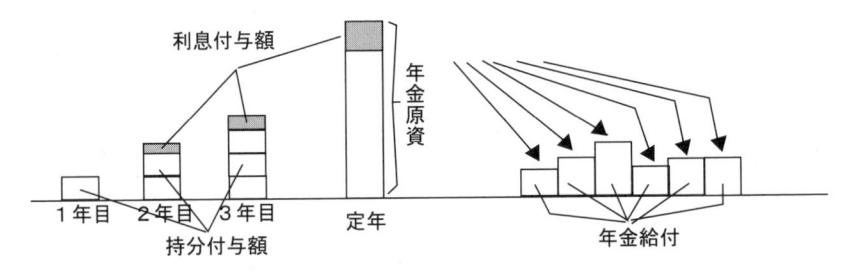

　なお、指標金利は定率を選択することも可能ですが、定率であれば確定給付企業年金と変わりないので、あえてキャッシュバランスプランを選択する意味がありません。

　また、キャッシュバランスプランでは、退職後の年金額も指標金利の情勢に応じて変動しますので、退職者には給付額がわからない欠点もあります。

　この制度では、中途退職者に用いる退職理由別支給係数を使用できますので、中途退職者への退職金の給付水準は比較的企業の意向を反映させることができます。しかし、定年退職者に対する給付水準は、持分付与額が勤続年数に基本的には比例しますので、支給カーブが直線になりやすくなります。

　また、制度が複雑ですので、制度導入後の維持費用負担が確定給付企業年金制度に比べ、格段に大きくなります。

♠確定拠出年金制度（企業型）への移行のメリット・デメリットは

　確定拠出年金制度の最大のメリットは、運用リスクを従業員が負うことになるため、企業は追加負担を考えないで済むことにあります。従業員は、運

② 退職金制度見直しで行う適年の廃止・移行は

用成績がよければ、将来標準以上の給付を受けることができます。しかし、従業員すべてが運用に対する知識や興味があるとは限らず、従業員への投資教育を継続的に行うことは実施企業にとって負担となっているようです。

企業によってはせっかく制度を導入したものの、従業員のほぼ全員が一番手堅い商品に投資を行ってしまい、何のための制度導入だったかわからないケースもあるようです。

この制度の特徴は、60歳以上の方への年金給付が原則となっていることにあります。従業員が60歳前に退職したとしてもそのときに退職一時金は受け取れません。ただし、①拠出期間が3年未満、②資産額が50万円以下、のいずれかの場合は、脱退一時金として受け取れます。

従業員が転職した場合に転職先が確定拠出年金制度を導入していれば、それまでの資産をそのまま持ち運び（ポータビリティ）、引き続き資産を増やしていくことが可能です。しかし、転職先がこの制度を実施していなければ個人型の確定拠出年金に移管され、自らが追加で掛金を拠出しなければなりません。もし、拠出を望まない場合は、年金給付が受けられる60歳になるまで、それまでの資産の運用指図だけを行います。ただし、この間も手数料が必要なので、運用実績が上がらないと資産が目減りすることもあります。

また、確定拠出年金は従業員に対して一定の基準に基づいた拠出を毎月行うので、将来の退職理由により拠出額に差をつけることができません。したがって、定年や中途退職などの退職理由によって差をつけることが可能であった適年とは、退職金に対する考え方が大きく変わることになります。

なお、制度維持のための費用も適年に比べて確実に大きくなりますし、投資教育を外部に委託すればそのための費用負担も発生します。

♠中小企業退職金共済制度への移行のメリット・デメリットは

中小企業退職金制度は制度維持のための費用負担を含めて、1％の利回りで計算されるため、現在の運用環境では最もコストパフォーマンスに優れています。また、確定拠出型のため、企業が追加拠出を求められることもありません。

基本退職金は、給付水準がほぼ見通せます。また、60歳以上で退職したときは、分割で支払いを受けることもできます。中途退職をしたときに、転職先がこの制度に加入していれば、これまでの資産をそのまま持ち運べます。

なお、適年移行後に加入者の掛金を増額したときに、国から掛金に対する助成があります。

しかし、現在、制度全体として積立不足を抱えており、1％以上の運用実績が出た場合には超過した分の半分をこの積立不足の解消に当てることになっています。したがって、今後、景気が回復し、運用実績が好転してもすぐに給付額には跳ね返りません。
　中小企業退職金制度は、懲戒解雇などの一部の例外を除いて、退職理由により給付額に差をつけることができません。また、掛金を減額しようとするときは、そのつど減額される従業員の同意が必要になるなどの制度上の制約があります。
　また、移行後新規に加入する従業員が加入後1年以内に退職したときの給付はありません。この間に企業が拠出した掛金は戻らず、機構のものになります。
　適年から移行する場合は、これらのデメリットを踏まえ、自己都合退職金の範囲で積み立てる手段として活用します。定年退職金など中退共の積立額を上回る分に関しては、別の積立方法を考えなければなりません。

【図表41　各制度のメリット・デメリット】

	確定給付企業年金（規約型）	キャッシュバランスプラン	確定拠出年金（企業型年金）	中小企業退職金共済制度
企業のメリット	・制度設計の自由度が高い	・運用リスクが少ない ・中途退職者への給付水準を変えられる	・運用リスクがない	・運用リスクがない ・運営コストが安価であり、国の補助などコストパフォーマンスに優れている
企業のデメリット	・運用リスクがあり、追加負担を求められる場合がある ・運営コストが割高である	・運用リスクが多少残る ・定年退職者への支給カーブが直線になりやすい ・運営コストが極めて高い	・従業員に継続して投資教育を行う必要がある ・退職金制度そのものの見直しが必要である ・運営コストが割高である	・退職理由で支給額に差をつけられない ・運用環境がよくなったときにダイレクトに反映されにくい ・定年退職に対する積立を別途講じる必要がある
従業員のメリット	・受給権が保護される ・給付水準が明確である	・受給権が保護される	・受給権が保護される ・ポータビリティがある	・受給権が保護される ・ポータビリティがある
従業員のデメリット	・特になし	・給付水準がわからない	・運用リスクがある ・中途退職のときに一時金を受け取れず、個人で継続しなければならない	・特になし

② 退職金制度見直しで行う適年の廃止・移行は

Q24 移行に際して注意することは

Answer Point

♤ 適年の移行は、按分方式によって1人ひとりの分配額が変動します。

♤ 適年の資産が多い場合は、払済年金にするのも選択肢の1つです。

♤ 受給権者がいると、適年を移行しても閉鎖型年金として存続します。

♤ 閉鎖型年金移行時は、従業員への分配総額がさらに減少します。

♠ 適年の分配というのは

　確定給付企業年金制度に移行する場合を除けば、それまで適年全体に積み立てられていた資金を現在の従業員で按分（分配）します。このそれぞれに分配された金額が新制度での個人別資産のスタート額となります。

　ほとんどの適年は、分配方法を規約で「責任準備金比例方式」にしています。

　責任準備金比例方式では、移行時点での自己都合退職金に比べ、年齢が若い従業員に手厚く、比較的高齢の従業員には少なめに分配される傾向があります。このため、もうすぐ定年退職を迎える方の退職金の準備金が少なくなり、企業の資金準備の負担が増すことになります。

　また、反対に入社間もない従業員では、規定ではいますぐ退職したとしても退職金が出ないはずなのに分配額が発生したり、あるいは現時点の自己都合退職金より多く分配されるといった事態が起こります。

　このような場合は、現在の退職金支給額にあわせた分配方法、例えば「要支給額比例方式」に変更してから移行しなければなりません（図表42参照）。

　要支給額比例方式では、合理的な算出根拠がある計算方法で分配します。例えば、現時点での退職年金規定や退職金規定での1人ひとりの自己都合支給額などで、会社が指定できます。分配方法を変更しても適年の資産総額は変わりませんから、分配額の合計はそのままで、それぞれの自己都合支給額に比例して分配し直すことになります。

　全員の現時点での自己都合支給額の合計額が適年の資産総額より少なければ、自己都合退職金より分配額が多くなる人は出ません。また、勤続年数が短く、規定では自己都合退職金がまだ支給されないはずの人への分配もなく

【図表42　分配方法の変更】

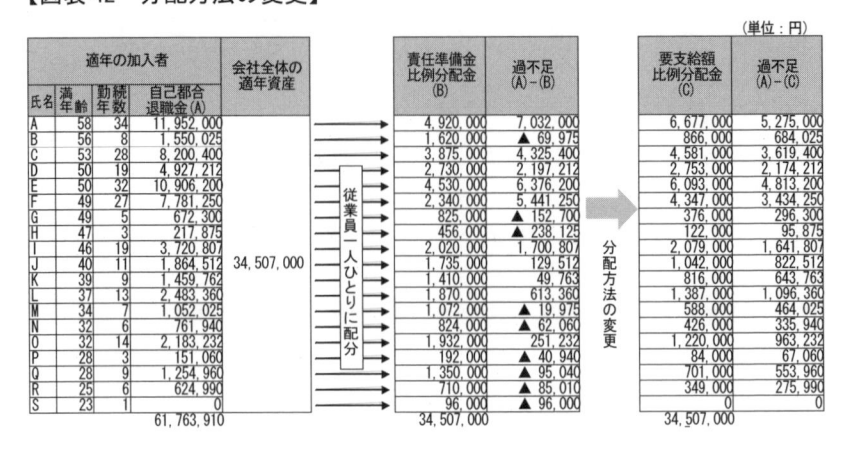

(単位：円)

適年の加入者			会社全体の適年資産	責任準備金比例分配金(B)	過不足(A)−(B)	要支給額比例分配金(C)	過不足(A)−(C)
氏名	満年齢	勤続年数	自己都合退職金(A)				
A	58	34	11,952,000	4,920,000	7,032,000	6,677,000	5,275,000
B	56	8	1,550,025	1,620,000	▲ 69,975	866,000	684,025
C	53	28	8,200,400	3,875,000	4,325,400	4,581,000	3,619,400
D	50	19	4,927,212	2,730,000	2,197,212	2,753,000	2,174,212
E	50	32	10,906,200	4,530,000	6,376,200	6,093,000	4,813,200
F	49	27	7,781,250	2,340,000	5,441,250	4,347,000	3,434,250
G	49	5	672,300	825,000	▲ 152,700	376,000	296,300
H	47	3	217,875	456,000	▲ 238,125	122,000	95,875
I	46	19	3,720,807	2,020,000	1,700,807	2,079,000	1,641,807
J	40	11	1,864,512	1,735,000	129,512	1,042,000	822,512
K	39	9	1,459,762	1,410,000	49,763	816,000	643,763
L	37	13	2,483,360	1,870,000	613,360	1,387,000	1,096,360
M	34	7	1,052,025	1,072,000	▲ 19,975	588,000	464,025
N	32	6	761,940	824,000	▲ 62,060	426,000	335,940
O	32	14	2,183,232	1,932,000	251,232	1,220,000	963,232
P	28	3	151,060	192,000	▲ 40,940	84,000	67,060
Q	28	9	1,254,960	1,350,000	▲ 95,040	701,000	553,960
R	25	6	624,990	710,000	▲ 85,010	349,000	275,990
S	23	1	0	96,000	▲ 96,000	0	0
			61,763,910	34,507,000		34,507,000	

会社全体の適年資産：34,507,000

従業員一人ひとりに配分 → 分配方法の変更

なります。

　なお、分配方法を責任準備金比例方式から要支給額比例方式に変更する場合は、全従業員の同意を得なければなりません。

♠払済年金というのは

　定年退職時のみ支給するタイプの適年の場合、中途退職が多く定年退職者が少ない企業では、それまで適年から退職金があまり支給されていません。このような適年では、積立不足が少ないことがあります。

　適年の積立不足が少ない、つまり資産が多く残っているのは、本来であればよいことですが、適年の移行のときはむしろ困ったケースも出てきます。

　資産が多いと適年を移行するときに、1人ひとりの従業員に分配される額は当然多くなりますので、移行時に自己都合退職金との逆転現象が多く起こる可能性が高くなります。これまでのケースでは、全従業員が逆転現象を起こしていたことさえありました。

　このような場合に、適年を「払済年金」にするのが有効な場合があります。払済年金は、契約はそのままにして、掛金を止める方法です。掛金を支払いませんので、資産がこれ以上増えることはありません。期間中に退職者が出れば、適年の資産から退職金が支払われますので、結果として資産を圧縮することができます。

　特に近々に定年退職者がいるような場合では、定年退職者が多額の資産を退職金として受け取りますので、きわめて有効な手段となります。退職者の人数によっては、一定期間、払済年金にすることで逆転現象が回避できるこ

とがあるのです。払済年金は、受託機関によりその取扱いが異なりますが、おおむね2年間を限度として行うことができます。

なお、払済年金は掛金を支払っていませんので、平成24年4月以降の適年の掛金の損金算入が認められなくなることの影響はありませんが、受託機関が継続して取り扱えるか現時点では不透明です。払済年金が有効な手法となる企業では、早めに実施することをおすすめします。

♠ 年金をすでに受け取っている退職者がいるときは

すでに退職し、適年から年金を受けている定年退職者（受給権者）がいる場合は、適年をすぐに廃止できません。受給権者は、その年金の受給がすべて終了するまでその権利が守られます。

受給権者の全員が、今後受けるはずの年金を一括で受け取ることを承諾すれば適年を廃止できますが、税務上不利益になるので、全員の同意を得るのは困難です。

受給権者が1人でも残る場合は、現在の従業員は加入者でなくなりますが、受給権者のためだけの適年が存続します。これが「閉鎖型年金」です。この閉鎖型年金は、すべての受給権者が年金を受け終わったときに廃止されます。

なお、適年の移行や解約時に閉鎖型年金になる場合は、移行や解約の日に制約を受けることがあります。受給権者がいる場合は、早めに受託機関に相談しましょう。

♠ 受給権者がいるときの分配額は

適年の受託機関は毎年、財政決算報告書を企業に提出しています。これを見ると、現在の積立不足額と資産額がわかります（Q17参照）。

財政決算報告書では、資産額が受給権者分と従業員分にわかれていますが、閉鎖型年金に移行すると、従業員に分配できる資産総額がさらに減少します。

これは、適年は受給権者への年金の支払期間中も5.5％の利回りで運用できる前提で設計されており、受給権者分の責任準備金が少なく見積もられているからです。

閉鎖型年金に移行するときは、閉鎖型年金存続中に新たな積立不足が生じないように、受給権者の責任準備金を受託機関が定めた保証利率で再計算します。受給権者の人数や年金支払年数にもよりますが、おおむね20％から30％程度責任準備金が増え、その分従業員に分配される資産総額が減少することになります。

Q25 適年廃止で退職金制度をやめるときの問題点は

Answer Point

♤ 退職金制度の廃止は、労働条件の不利益変更になります。
♤ 労働条件の不利益変更には、「既得権」と「期待権」の2つがあります。
♤ 不利益変更をするときは、労働基準法や労働契約法にそった対応が求められます。

♠ 不利益変更となるわけは

　適年は、解約すれば廃止となりますが、退職金制度はこれで終了にはなりません。退職金は、基本的な労働条件の1つですから、規定に定められた金額を従業員は受け取る権利があります。

　適年廃止に伴い退職金制度を廃止するのは、労働条件を不利益に変更することになります。一口に不利益変更といっても、これには図表43のように「既得権」と「期待権」の2つの概念があります。

【図表43　期待権と既得権】

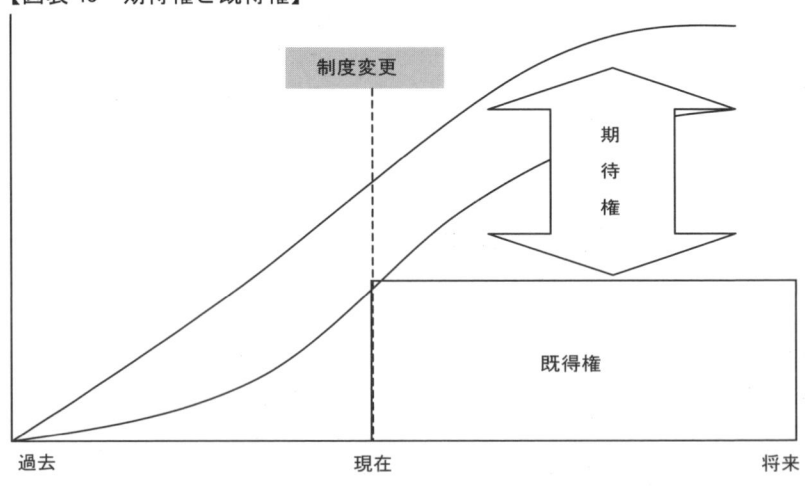

　1つは①これまでの在職期間によりすでに受け取る権利が発生していると考えられる現時点での退職金額の「既得権」、もう1つは②今後在職していればもらえるはずの現時点から退職時までの増加分にあたる「期待権」です。

　既得権をカットするのは、制度を遡って変更することになるので、原則と

して避けるべきです。期待権については、現時点から将来に向かって変更するもので、まだ確定していない金額を変更するため、既得権ほどは守られていないと考えるのが通例です。

なお、既得権は、会社都合と自己都合のどちらの金額を保護するのかの議論があります。現時点ですでに確定している金額が既得権だと考えれば、自己都合退職をしたとみなした退職金額が最低限保護すべき金額といえます。

♠既得権を守るには

適年を解約し、退職金制度をやめる場合には、積み立てられた資産を従業員に分配します。しかし、適年は、積立不足が生じているので、このままでは最低限の既得権も守られないことになります。

既得権を最低限保護しようとすれば、現時点での退職金額と分配金との差異の部分を一時金で支給するか、あるいは給与に上乗せする前払退職金で調整する必要があります。

なお、退職金制度を完全に廃止した場合の分配金の税法上の取扱いは、退職所得と認められることがあります。税理士または管轄の税務署で事前に相談してください。

♠期待権を守るには

退職金制度を廃止し、期待権の一定部分を保護するためには、完全な廃止ではなく、将来の退職金に相当する額をやはり前払退職金として給与に上乗せすることになります。

前払い退職金は名称こそ「退職金」ですが、税法や労働法上は退職金とはみなされず、あくまで「給与」の一部とされます。

したがって、退職金であれば退職所得として所得税法上優遇されていたものが、給与所得として課税対象になります。また、健康保険や厚生年金保険、雇用保険といった社会保険料の計算対象にもなりますので、実質の手取額はさらに減ることになります。

企業にとっては、社会保険料や労働保険料の会社負担分のほかに、割増賃金の計算基礎にも含めなければなりませんので、負担はさらに増えることになります。

♠どうしても不利益変更になるときは

既得権や期待権を100％保護することがどうしても難しく、不利益変更

を行わざるを得ない場合には、労働契約法に基づく対応が必要となります。労働契約法では、労働条件を不利益に変更するときは、その変更を労働者と使用者で合意することを求めています。

　ただし、大多数が同意しているにもかかわらず、一部の方だけがどうしても同意しない場合などは、例外として就業規則の変更により行うことができます。退職金規定も就業規則の一部ですから、やむを得ない場合は図表44の労働契約法と図表45の労働基準法に従って制度の変更を行います。

【図表44　労働契約法の規定内容】

（労働契約の内容の変更）
第8条　労働者及び使用者は、その合意により、労働契約の内容である労働条件を変更することができる。
（就業規則による労働契約の内容の変更）
第9条　使用者は、労働者と合意することなく、就業規則を変更することにより、労働者の不利益に労働契約の内容である労働条件を変更することはできない。ただし、次条の場合は、この限りでない。
第10条　使用者が就業規則の変更により労働条件を変更する場合において、変更後の就業規則を労働者に周知させ、かつ、就業規則の変更が、労働者の受ける不利益の程度、労働条件の変更の必要性、変更後の就業規則の内容の相当性、労働組合等との交渉の状況その他の就業規則の変更に係る事情に照らして合理的なものであるときは、労働契約の内容である労働条件は、当該変更後の就業規則に定めるところによるものとする。ただし、労働契約において、労働者及び使用者が就業規則の変更によっては変更されない労働条件として合意していた部分については、第12条に該当する場合を除き、この限りでない。
（就業規則の変更に係る手続）
第11条　就業規則の変更の手続に関しては、労働基準法（昭和22年法律第49号）第89条及び第90条の定めるところによる。

② 退職金制度見直しで行う適年の廃止・移行は

【図表45　労働基準法の規定内容】

（作成及び届出の義務）
第89条　常時10人以上の労働者を使用する使用者は、退職手当の定めをする場合については就業規則を作成し、行政官庁に届け出なければならない。変更した場合においても、同様とする。
（作成の手続）
第90条　使用者は、就業規則の作成又は変更について、当該事業場に、労働者の過半数で組織する労働組合がある場合においてはその労働組合、労働者の過半数で組織する労働組合がない場合においては労働者の過半数を代表する者の意見を聴かなければならない。
　2　使用者は、前条の規定により届出をなすについて、前項の意見を記した書面を添付しなければならない。

　なお、不利益変更がない場合でも、退職金制度の変更は重大な労働条件の変更です。制度変更のときは、従業員に説明を尽くし、同意書を得るなど慎重に対応しましょう。

Q26 適年を廃止して退職金制度を続けるときの問題点は

Answer Point

♤ 適年の積立金は、すべて従業員に分配されます。
♤ 分配金は、退職所得ではなく、一時所得として課税対象になります。
♤ 一時所得は、思わぬところまで影響を及ぼすことがあります。
♤ 分配金は、将来の退職金を前払いしたことになります。

♠適年で積み立てた資産の行先は

退職金制度はそのまま続けて、退職金の積立方法のための適年だけをやめる場合には、適年を解約することになります。

適年を解約する場合には、それまで積み立ててきた資産は企業には戻りません。解約時点で制度に加入していた従業員に、適年の規約で定められた方法により、資産の全部が分配されます。

これは適年の資産の移行が認められていない特定退職金共済制度、生命保険の活用などの自社積立により退職金を準備する場合でも同じです。

♠分配金の問題点は

退職金制度が存続するときの適年の分配金は、所得税法上、退職所得とは認められず、一時所得となります。

退職所得は、税法上、非課税枠が多く認められており、中小企業の退職金の水準では非課税となるケースがほとんどです。

分配金は、その年のほかの一時所得と合算したうえで、課税計算を行いますが、年間50万円を超すと課税対象となります（図表46参照）。

【図表46　所得の計算】

```
●退職所得の計算方法
    課税退職所得＝（退職金額－退職所得控除）÷2

    ＊退職所得控除
      勤続年数2年未満      80万円
      勤続年数20年以下     40万円×勤続年数
      勤続年数20年以上     800万円＋70万円×（勤続年数－20年）

●一時所得の計算方法
    課税一時所得＝一時所得金額－50万円
```

適年の資産総額にもよりますが、全員が50万円以下となることはあまり

ありません。将来退職金として受け取っていれば非課税であったものが、適年を解約したために一時所得として課税となる方が出てきます。

♠一時所得として課税対象になると
　一時所得の課税対象となった従業員は、確定申告が必要になります。サラリーマンは、通常、年末調整で税務計算が終了しますので、確定申告をしたことがない方も多くいます。企業が忘れずに指導するようにしたいものです。
　また、所得税のほかにも住民税の負担もあります。住民税の税率は全国一律の10％で、分配金を受けた翌年の6月から翌々年5月まで課税されます。
　そのほかにも、その年の年収が一時的に増加するため、翌年以降の保育園の保育料、公営住宅の家賃などに影響を与えたり、収入超過により保育園から退園させられるケースもありますので注意が必要です。

♠退職金規定と分配金の関係は
　適年を解約したときの分配金は、本来その年に支払われるべき賃金ではなく、将来受け取るはずだった退職金を先に支払っています。したがって、この分配金は、将来受け取る退職金から差し引くべきでしょう。
　しかし、分配金が一時所得として課税対象となる場合が問題です。一時所得扱いとなる場合は、分配金の支払時に源泉所得を行いません。
　保育園の保育料や公営住宅の家賃などの費用負担の増加については、企業では正確にわかりません。住宅ローン減税を受けている場合には住民税の所得割額がない場合もありますし、その年にほかの一時所得があったかも把握できません。
　このような個人個人のさまざまな理由をすべて加味することは不可能です。しかし、図表47のように、少なくても分配金が50万円を超えた場合の最低所得税率5％と住民税の10％をあわせた15％分は考慮することが望ましいでしょう。

【図表47　退職金前払相当額の計算例】

```
●退職金前払相当額の計算例
　前払相当額＝分配金額－｛（分配金額－50万円）×15％｝
　　＊分配金額50万円以下の場合は分配金額のまま
```

　もちろん、新しい退職金規定には、前払金相当額を最終退職金額から控除する規定を定めておかなければなりません。

Q27 生命保険の利用メリットは

Answer Point
♤生保利用は、税務上のメリットと資金の平準化ができます。
♤保険の種類によっては、福利厚生をあわせて行えます。
♤保険会社に積み立てても退職金としての保護はありません。

♠生命保険を利用する企業のメリットは

　退職金の準備として用いられる保険には、図表48のようなものがあります。

【図表48　退職金の準備によく使われる保険商品】

保険の種類	主に被保険者となる人	保険料の税務処理（原則）
養老保険	従業員全員	保険料の2分の1
長期定期保険	従業員または役員	保険料の2分の1
長期傷害保険	従業員または役員	保険料の4分の1
逓増定期保険	役員	保険料の2分の1〜4分の1
がん保険	役員	保険料の全額

　生命保険を利用した退職金の積立方法は、決算書に出てこないため、見た目上は社外に積み立てているようにみえます。しかし、あくまでも内部留保の1手段なので、企業に万が一のことがあった場合には、退職金としての資産の保護はありません。
　それでは、なぜ退職金として生命保険を利用するのでしょうか。
　それは保険料の一部を損金として税務処理ができるからです。現金や預金で資金を残すと、企業の利益として毎年課税されますが、生命保険に拠出することにより、利益の一部を減らす効果があります。
　また、確定給付企業年金制度や中小企業退職金共済制度と違い、生命保険は企業の都合で途中解約ができます。この解約金は、従業員に直接支払われるのではなく、企業に支払われます。保険の種類によっては、保険会社から貸付を受けられるタイプの保険もあります。本来は望ましいことではありませんが、従業員の退職金の準備が主な目的であっても、いざというときに企業の資金繰りに充当することができるのです。
　従業員が退職したときは、生命保険の全部または一部を解約すると企業に

解約金が戻ります。この段階では、それまで損金として計上してきた金額が企業の利益となります。しかし、退職者にそれ以上の退職金を支払うので、結局のところ相殺されて利益は残りません。企業にすると、退職金を損益上平準化することができ、また一時的なキャッシュフローの悪化を防止することができます。

♠退職金の準備と従業員の福利厚生が同時にできる

退職金の準備方法の代表的な保険商品に養老保険があります。

養老保険は、従業員全員が加入するタイプの保険です。生命保険ですから、従業員に万が一のことがあった場合には、保険金が支払われます。退職するときは、解約して企業に解約金を戻し、退職金の一部として利用します。

例えば、保険金500万円であれば、定年までに500万円が貯まるように保険料を設定し、企業が毎月保険料を生命保険会社に支払います。万が一、従業員が死亡したときは、500万円の死亡保障がつきます。定年まで在職したときは、満期保険金として企業にやはり500万円が支払われます。途中で退職した場合は、その時点での解約返戻金が支払われます。

♠生命保険利用のデメリットは

生命保険での退職金の準備は、いいことばかりではありません。

生命保険を活用しての積立は、目的が退職金の準備であっても、あくまでも企業の資産の一部です。もし、企業に何かあったときは、退職金の積立金としての保護はされません。

また、保険契約を途中で解約するときは、保険料の全額が戻ることはまずありません。損金の効果と解約返戻金のバランスによっては、預金しておいたほうが得策になることもあります。なお、保険契約の税務上の取扱いは、税制が見直されることがあります。

従業員が死亡したときの死亡保険金は、従業員の遺族に支払うことが原則です。福利厚生のことを考えずに単純に退職金の準備のためだけに生命保険を利用した場合に、死亡保険金の帰属をめぐって遺族とトラブルになることもあります。

また、生命保険は加入時に病歴等の診査があります。身体の状況によっては加入できない従業員が出てきます。その場合は、その従業員だけ福利厚生を受けられませんので、このようなケースの対策もあらかじめ考えておかなければなりません。

Q28 適年の解約や移行の手順・留意点は

Answer Point
♤ 退職金制度と資金の準備方法を併行して考えます。
♤ 従業員説明会を開催し、従業員の了承を得ます。
♤ 新退職金規定には退職年金規定が廃止になる旨を記載します。
♤ 退職金制度と資金準備の定期メンテナンスが欠かせません。

♠ 適年の解約・移行の手順は

適年の解約・移行の手順は、図表49のようになります。

【図表49 適年の解約・移行の手順】

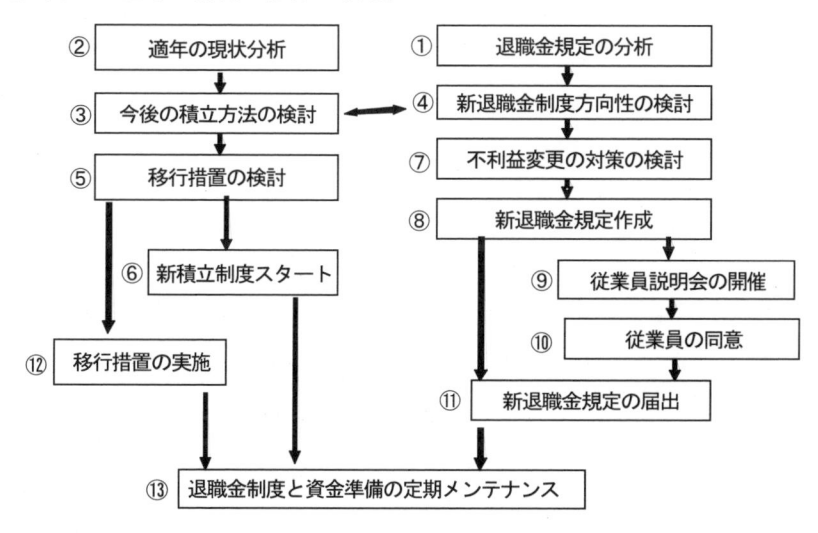

```
②　適年の現状分析　　　　　　①　退職金規定の分析
        ↓                              ↓
③　今後の積立方法の検討　←→　④　新退職金制度方向性の検討
        ↓                              ↓
⑤　移行措置の検討                ⑦　不利益変更の対策の検討
        ↓                              ↓
⑥　新積立制度スタート            ⑧　新退職金規定作成
        ↓                              ↓
                                  ⑨　従業員説明会の開催
                                          ↓
⑫　移行措置の実施                ⑩　従業員の同意
        ↓                              ↓
                                  ⑪　新退職金規定の届出
        ↓                              ↓
        ⑬　退職金制度と資金準備の定期メンテナンス
```

♠ 適年と退職金規定の関係は

適年を解約や移行するときは、資金準備と退職金制度を併行して考えなければなりません。

まずは、適年と退職金規定の関係をしっかり把握しましょう。これにより目指す方向性が大きく異なります。

【図表50 適年と退職金規定の関係チェックポイント】

□ 適年（退職年金規定）以外に退職金規定はないか
□ 適年と退職金規定の関係は内枠か外枠か
□ 適年は定年時のみの給付か、中途退職の支給もあるか

♠適年の資産状況の把握は

　次に、適年の財政状況を把握します。財政状況の把握は、毎年受託機関から受け取っている「財政決算報告書」で全体の資産状況と積立不足を大きくつかみ、その後「仮解約試算表」で分配される個人別資産を把握します。

　仮解約試算表は、受託機関に依頼すれば、3～4週間程度で作成してくれます。仮解約試算表の個人別の分配金とその時点での1人ひとりの退職金の自己都合退職金額を比較して逆転現象が多く発生していれば、分配方式の変更も検討します。分配方式を変更したと仮定した場合の仮解約試算表は、受託機関によっては作成してもらえない場合もあるようです。

【図表51　個人別資産の把握チェックポイント】

```
□今後も支給水準を維持できる資産状況にあるか
□直近の定年退職者への資金準備は大丈夫か
□分配額が50万円を超える従業員がどのくらいいるか
□分配額と自己都合退職金の逆転現象は起こっていないか
```

♠今後の退職金制度と資金準備は

　退職金制度と適年の資産の現状が把握できたら、企業が理想とする今後の退職金制度のあり方と資金準備の方法をいよいよ検討します。

【図表52　今後の退職金制度のあり方・資金準備の方法チェックポイント】

```
□退職金制度は存続させるのか、廃止するのか
□退職金制度に貢献度をどの程度反映させるのか
□退職金制度の支給水準や支給カーブはどの程度にするのか
□年金制度は必要なのか、一時金だけの給付ではだめか
□各積立方法のメリット、デメリットは何か
□企業規模、費用負担からベストな積立方法やその組合せは何か
□移行・解約後の積立額の水準をどうするか
```

♠移行や解約のスケジュール作成は

　新たな移行先、積立方法が決まったら、移行や解約のスケジュールを立てます。移行作業中に退職者が出ると、分配額が再計算となり想定したスケジュールで進まないことや退職者に対する退職金の支払時期が遅れることがありますので注意が必要です。

　この段階で必要があれば、新たな積立方法を先行して実施します。

【図表53　移行や解約のスケジュール作成チェックポイント】

```
□適年を払済年金にしなくてよいか
□年金の受給権者はいるか、移行作業にはどのくらいのスケジュールが必要か
□定年退職者の予定と移行作業のタイミングは大丈夫か
```

♠新しい退職金規定の作成は

　資金準備の目安がついたところで、新しい退職金制度を規定にします。ここでは特に不利益変更の有無とそれに伴う経過措置の作成がポイントとなります。

【図表54　規定作成チェックポイント】

```
□退職金制度の変更で不利益変更はあるか
□不利益変更がある場合は、既得権と期待権をどこまで保護するか
□保護しきれない場合は、経過措置をどうするか
```

♠従業員説明会と新規定の届出は

　不利益変更の有無にかかわらず、退職金制度の変更と積立方法に関する従業員説明会を開催します。

　従業員の了承が得られれば、新しい退職金規定を労働基準監督署へ届け出ることになります。

　新しい退職金規定には、「退職年金規定」は廃止になる旨を必ず記載します（閉鎖型年金として存続する場合を除きます）。

　適年の解約や移行は、事業主と受託機関の契約上の話です。解約や移行をしたからといって、労働条件としてのこれまでの退職年金規定が消えるわけではありません。

　退職年金規定を廃止する記載がないと、規定に基づき支給する義務がそのまま存続してしまい、後々トラブルになることがあります。

　なお、適年を実施している企業は、従業員数が10名以下であっても、制度導入時に退職年金規定を労働基準監督署へ届け出ています。変更後の新しい退職金規定も労働基準監督署へ届け出るようにしましょう。

♠新制度のメンテナンスは

　適年廃止後は、確定給付企業年金にそのまますべてを移行する場合を除き、これまでの適年のように掛金を自動的に計算し、規定で定められた給付を企業の手を煩わせずに確実に行ってくれる制度はありません。

　これまでのように制度を導入して放っておくのではなく、今後は、①退職金制度のモデル賃金や昇格モデルが当初設計からズレていないか、②個人個人の掛金を変更しなくてよいか、③今後10年程度の定年退職者の資金準備に過不足はないか、などを定期的にメンテナンスし、退職金制度と資金準備に継続して目を配りましょう。

Q29 特定退職金共済ってどういう共済のこと

Answer Point

○ 特定退職金共済は、商工会議所などの特定退職金共済団体が国の承認のもと、所得税法施行令第73条に基づいて実施する退職金制度です。

○ 掛金や給付金については、中小企業退職共済制度に準じた税法上の優遇措置が適用されます。

♠ 特定退職金共済（特退共）制度のしくみは

特定退職金共済とは、特定退職金共済団体が実施する所得税法施行令73条に基づく退職金制度のことです。

この制度は、地域の商工会議所、商工会、都道府県商工会連合会、都道府県中小企業団体中央会、一部の市町村などが、国の承認のもとに特定退職金共済団体を設立して行っているものです。

事業主は、地域の特定退職金共済団体と退職金共済契約を結んで掛金を納付し、従業員が退職したときに、その共済団体が事業主に代わって直接退職金を支払うしくみになっています。

Q31で紹介する中小企業退職金共済制度（中退共）も類似の制度ですが、中退共が中小企業退職金共済法という法律に基づいて一元的に設立・運用されているのに対して、この特退共制度はそれぞれの地域の商工会議所等が運用しており、そのため地域によって若干制度内容に違いがみられるケースがあります。

類似の中退共と比較した場合、図表55のようになります。

【図表55　中退共との比較】

	特定退職金共済	中小企業退職金共済
根拠法	所得税法施行令	中小企業退職金共済法
運営	特定退職金共済団体（市町村や商工会議所等）	独立行政法人勤労者退職金共済機構・中小企業退職金共済事業本部
創設	昭和34年	昭和34年
適格年金からの移行	不可	可
企業規模の制限	なし	あり

③ 適年の移行先の概要は

加入資格	なし	あり
運用時の課税	全額損金・全額非課税	全額損金・全額非課税
受取り時の課税	年金：公的年金等控除 一時金：退職所得控除	年金：公的年金等控除 一時金：退職所得控除
従業員の意思による途中制度脱退	加入団体によって異なる	可
受取り時の特典	退職所得控除 公的年金控除	退職所得控除 公的年金控除
掛金限度額	1,000～30,000円 30口までの中から選択	5,000～30,000円 16段階の中から選択
掛金負担	事業主	事業主
掛金の補助	なし	国の補助あり
退職金の支払方法	直接従業員に支払われる	直接従業員に支払われる

　なお、加入の受付は特定退職金共済団体ごとに行いますが、複数の特定退職金共済団体に加入することはできません。ただし、中小企業退職金共済制度、企業型確定拠出年金などとの重複加入は認められています。

♠加入できるのは

　特定退職金共済制度を実施している共済団体の地域内に事業所がある事業主が加入契約できます。

　中退共制度は従業員数等の制限がありますが、この特退共制度には資本金額や従業員数による制限がないため、個人事業から大企業まで幅広く契約できるのが特徴です。

　この特退共制度には、図表56に該当する従業員以外は加入できることになっています。加入する場合は、全員加入が原則です。

【図表56　特退共制度に加入できない従業員】

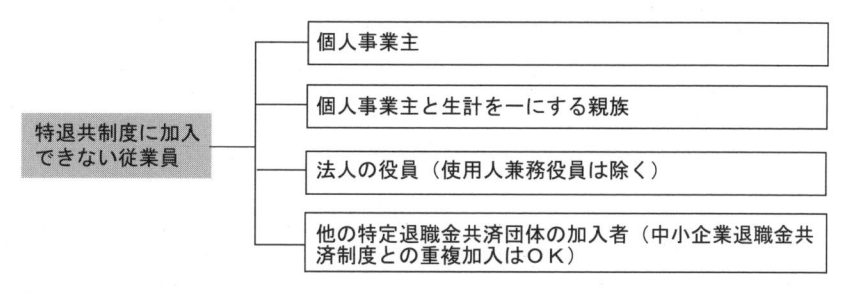

特退共制度に加入できない従業員
- 個人事業主
- 個人事業主と生計を一にする親族
- 法人の役員（使用人兼務役員は除く）
- 他の特定退職金共済団体の加入者（中小企業退職金共済制度との重複加入はOK）

　加入することができる年齢の範囲は、共済団体ごとに決められていますの

で注意が必要です。例えば、東京商工会議所が実施している特退共制度では、満15歳以上70歳未満（加入継続は、満80歳に達したときまで）とされています。

なお、必ずしも加入させなくてもよい従業員は、図表57のとおりです。

【図表57　加入させなくてもよい従業員】

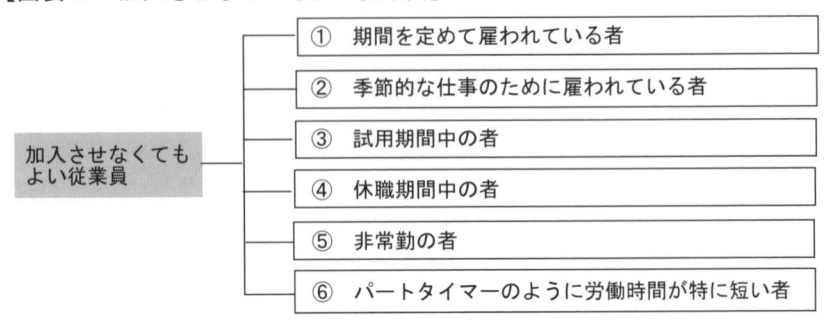

加入させなくてもよい従業員
- ① 期間を定めて雇われている者
- ② 季節的な仕事のために雇われている者
- ③ 試用期間中の者
- ④ 休職期間中の者
- ⑤ 非常勤の者
- ⑥ パートタイマーのように労働時間が特に短い者

♠掛金の額は

特定退職金共済の掛金は、すべて会社の負担となります。掛金月額は、従業員1人につき最大30口（1口＝1,000円）までとされていますから、最高額で30,000円までとなります。口数は、自由に決めることができるようになっています。

掛金月額は、途中で変更することができ、増額することも減額することも可能となっています。ただし、減額する場合には、当該従業員の同意および事情を明示した書類を添付するなど一定の要件が求められます。

♠給付の種類は

特定退職金共済から支払われる主な給付としては、図表58の4種類があり、各共済団体から従業員へ直接支払われます。

【図表58　給付の種類】

項　目	説　明
① 退職一時金	加入している従業員が退職したときに、加入口数や加入月数に基づいて、共済団体ごとに決められている退職一時金の額となります。
② 退職年金	従業員が10年以上加入している場合で、退職後、年金として支払われることを希望したときには退職年金が10年間支払われます。なお、年金受給期間中に死亡したときは、残っている期間分の年金が遺族に支払われます。支払われる額は加入口数や、加入月数に基づいて、共済団体ごとに決められた額となります。

| ③ | 解約手当金 | 契約をやむを得ず途中で解約したときには、解約手当金が加入している従業員に支払われます。解約手当金の額は、①の退職一時金と同額です。 |
| ④ | 遺族一時金 | 加入している従業員が死亡したときには、退職一時金に上乗せ分を加えた額が遺族に支払われます。 |

なお、参考までに、東京商工会議所が実施している特定退職金共済制度で支給される退職一時金と遺族一時金の額の1例を図表59に紹介します。

【図表59　退職一時金と遺族一時金の額の例（東京商工会議所実施の特定退職金共済制度の場合）】

加入期間	30口		10口		5口	
	退職一時金	遺族一時金	退職一時金	遺族一時金	退職一時金	遺族一時金
5年	1,776,120円	2,076,120円	592,040円	692,040円	296,020円	346,020円
10年	3,642,870円	3,942,870円	1,214,290円	1,314,290円	607,145円	657,145円
15年	5,604,870円	5,904,870円	1,868,290円	1,968,290円	934,145円	984,145円
20年	7,666,920円	7,966,920円	2,555,640円	2,655,640円	1,277,820円	1,327,820円
25年	9,834,150円	10,134,150円	3,278,050円	3,378,050円	1,639,025円	1,689,025円
30年	12,111,930円	12,411,930円	4,037,310円	4,137,310円	2,018,655円	2,068,655円

注：年の途中で退職・死亡したときは、月単位で計算された額が支払われます。

♠掛金・給付金等の税務取扱いは

特定退職金共済制度における掛金や給付金等の税務上の扱いは、図表60のとおりです。

【図表60　掛金や給付金等の税務上の扱い】

掛金・給付金等	税務取扱い
会社・事業主負担の掛金	損金または必要経費
加入者が受け取る退職一時金	退職所得（退職所得控除が受けられる）
遺族が受け取る遺族一時金	相続財産
加入者が受け取る退職年金	雑所得（公的年金控除が受けられる）
解約手当金	一時所得
年金支給開始後に、残余の年金原価を一時金で受け取る場合	退職所得（退職所得控除が受けられる）

Q30 特定退職金共済加入の移行手続は

Answer Point

♠ 特定退職金共済制度は、中小企業退職金共済と似ている制度ですが、中小企業退職金共済のように適年制度の資産を引き継いで移行することはできません。

♠ したがって、いったん適年制度を解約し、新たに退職金の積立をすることになります。

♠特定退職金共済加入は移行ではなく乗換えとなる

特定退職金共済制度は、中小企業退職金共済と似ている制度ですが、中小企業退職金共済のように適年制度の資産を引き継いで移行することはできません。したがって、適年制度を実施している会社が、特定退職金共済制度へ移行する場合には、適年制度を解約して、特定退職金共済制度に新たに加入することになります。

もちろん、適年制度を解約するわけですから、その資産すなわち解約返戻金は年金規定に基づいて従業員へ分配されることとなります。分配された資産は、企業に戻してもらうことはできず、いわば退職金の前払いということになります。

もっとも、税務上は、退職所得とはならず、一時所得の扱いとなるので注意が必要です。また、分配しても退職金の規定が残るような場合、会社には従業員への退職金の支払義務が残り、その対応への準備も必要不可欠となります（図表61 参照）。

♠不利益変更を念頭に乗換え設計をする

適年制度を解約し、従業員に解約返戻金が分配されても、将来の退職金の支払義務は残ります。

その将来の退職金の準備のために特定退職金共済を選択する場合は、Q25で触れた問題点をクリアし、不利益変更にならないよう、従業員の理解が得られるように十分協議のうえ、掛金などの設計をすることが大切です。

♠加入手続は

特定退職金共済への加入申込みは、運用する商工会議所等の窓口へ、所定

【図表 61　特定退職金共済へは移行ではなく乗換えとなる】

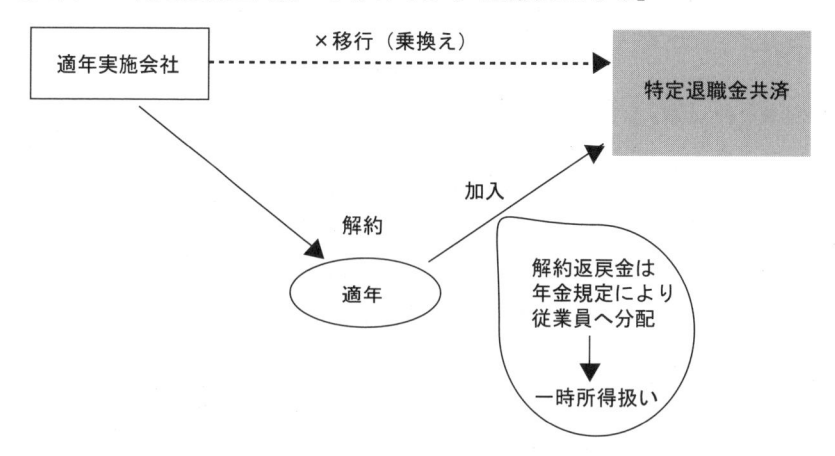

```
┌──────────┐   ×移行（乗換え）    ┌──────────┐
│ 適年実施会社 │ - - - - - - - - - →│ 特定退職金共済 │
└──────────┘                      └──────────┘
        │                  加入 ↗
     解約│              ↗
        ↓          ┌──────┐        ╭──────────╮
     ┌──────┐    │ 適年 │        │ 解約返戻金は │
     │ 適年 │────→└──────┘        │ 年金規定により │
     └──────┘                     │ 従業員へ分配 │
                                 ╰──────┬───────╯
                                        ↓
                                  ┌──────────┐
                                  │ 一時所得扱い │
                                  └──────────┘
```

の共済契約申込書に必要事項を記載して、第1回目の掛金（申込金）を添えて提出します。

契約が成立すると、会社・事業所を通じて被共済者である従業員の「被共済証」が発行されます。

なお、申込金は、申込みをした翌月の掛金として充当されます。

♠懲戒解雇で退職金が支払われないときは特退共の預かりとなるので注意

特退共は、事業主が特定退職金共済団体と退職金共済契約を結び、毎月の掛金を金融機関に納付しますが、従業員が退職したときは、その従業員に特定退職金共済団体から退職金が直接支払われます。

退職一時金・退職年金・解約手当金などの給付金は、すべて直接従業員に支払われることになり、給付金はいかなる場合（懲戒解雇を含む）にも事業主には支払われないとされています。

就業規則において、懲戒解雇の場合は基本的に退職金を払わない、との規定になっている場合が多いと思いますが、このようなことが起こった場合などで事業主が従業員に対して退職金を払わないときは、特定退職金共済団体の預かり（没収）となり、会社には返ってこないことになります。

Q31 中退共ってどういう共済のこと

Answer Point

♤中小企業退職金共済（中退共）制度は、国の中小企業対策の一環として制定された中小企業退職金共済法に基づいて設けられた中小企業のための退職金制度です。

♤独立行政法人勤労者退職金共済機構中小企業退職金共済事業本部（中退共本部）が運営を行っており、会社と中退共本部との退職金共済契約により、退職金が従業員に直接支払われるしくみです。

♤確定拠出型であり、会社が追加拠出を求められる心配はありません。

♠加入できる会社は

中退共制度に加入できるのは、図表62の常用従業員数または資本金・出資金のどちらかを満たしている会社です。個人事業主の場合は、常用従業員数によります。

【図表62　中退共制度に加入できる条件】

業　種	常用従業員数	資本金・出資金
小売業	50人以下	5,000万円以下
サービス業	100人以下	5,000万円以下
卸売業	100人以下	1億円以下
一般業種（製造業・建設業等）	300人以下	3億円以下

♠加入対象者は

加入対象者は従業員全員ですが、図表63に該当する者は加入できません。

【図表63　中退共制度に加入できない者】

中退共制度に加入できない者
- 個人事業主、その配偶者および同一生計の家族従業員。ただし、配偶者以外の家族従業員で、就労の実態が他の従業員と同様であるなど、事業主との間に雇用関係があれば加入できます。
- 会社役員。ただし、兼務役員は加入できます。
- 中小企業退職金共済法に基づく特定業種（建設業、清酒製造業、林業）退職金共済制度に加入している従業員。

ところで、中退共制度の対象者は、従業員です。従業員とは、事業主との間に使用従属関係にあるものとして取り扱われますが、従来、同居の親族のみを使用する場合には中退共制度において適用されないこととして取り扱われてきました。

しかし、加入対象とされていない者のなかに中退法における従業員と同様の働き方をする者が少なくないとの指摘があり、平成22年度税制改正において、中小企業退職金共済制度の加入対象者に追加される同居親族のみを雇用する事業の従業員およびその従業員にかかる事業主について、所要の省令改正を前提に、①その事業主掛金については、事業主の所得の金額の計算上必要経費に算入（法人税についても同様）、②その事業主掛金にかかる従業員の給与所得の金額の計算上、収入金額に算入、③その従業員が支給を受ける分割（年金）払いの退職金については公的年金等控除を適用し、一括払いの退職金については退職手当等とみなすなどの措置がとられました。これにより、図表63の最上段のただし書のように同居親族のみを雇用する場合の家族従業員も対象とされることとなった点に注意が必要です。

なお、図表64のような者は、加入させなくてもよいことになっています。

【図表64　加入させなくてもよい者】

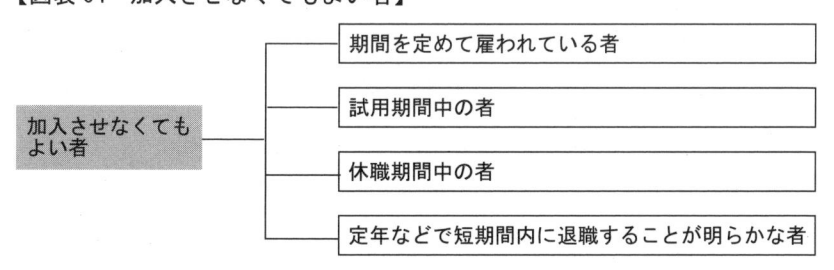

加入させなくてもよい者
- 期間を定めて雇われている者
- 試用期間中の者
- 休職期間中の者
- 定年などで短期間内に退職することが明らかな者

♠掛金の額は

掛金は、全額事業主の負担です。一部でも従業員に負担させることはできません。

掛金の額は、図表65のように月額で16種類定められており、事業主がそのいずれかを従業員ごとに選択する形になっています。

【図表65　掛金月額の種類（1人あたり）】

5,000円	6,000円	7,000円	8,000円	9,000円	10,000円	12,000円	14,000円
16,000円	18,000円	20,000円	22,000円	24,000円	26,000円	28,000円	30,000円

なお、パートタイマー等の短時間労働者（1週間の所定労働時間が同じ会社に雇用される通常の従業員より短く、かつ30時間未満である従業員）については、図表66の掛金月額の選択も可能です。

【図表66　短時間労働者の特例掛金の種類】

| 2,000円 | 3,000円 | 4,000円 |

掛金月額は、増額変更することも可能となっています。

なお、18,000円以下の掛金月額を増額する場合は、増額分の3分の1（10円未満の端数は切捨て）の金額を増額月から1年間にわたり国が助成することになっています。

ただし、過去に掛金月額を20,000円以上納付したことがある場合は、助成の対象外とされています。

また、減額は、①掛金月額の減額を当該従業員が同意した場合、②現在の掛金月額を継続することが著しく困難であると厚生労働大臣が認めた場合、のいずれかに該当する場合のみ可能となっています。

♠退職金の額は

退職金の支給額は、①基本退職金と②付加退職金をあわせた額です。

退職金支給額＝①基本退職金＋②付加退職金

ただし、掛金納付月数が1年未満の場合は支給されず、1年以上2年未満の場合は掛金相当額を下回る額、2年以上3年6か月以下の場合は掛金相当額、3年7か月（43か月）からは運用利息と付加退職金が加算され、掛金相当額を上回る額となります。

① 基本退職金というのは

掛金月額と納付月数（税制適格退職年金からの通算月数を含む）に応じて固定的に定められている金額で、制度全体として予定運用利回りを年1.0％（2010年8月現在）として定められた金額となります（図表67参照）。

【図表67　基本退職金額表（抜粋）】

掛金月額 納付年数	5,000円	10,000円	16,000円	20,000円	26,000円	30,000円
5年	304,100円	608,200円	973,120円	1,216,400円	1,581,320円	1,824,600円
10年	632,800円	1,265,600円	2,024,960円	2,531,200円	3,290,560円	3,796,800円
15年	975,000円	1,950,000円	3,120,000円	3,900,000円	5,070,000円	5,850,000円

20年	1,333,300円	2,666,600円	4,266,560円	5,333,200円	6,933,160円	7,999,800円
25年	1,710,400円	3,420,800円	5,473,280円	6,841,600円	8,894,080円	10,262,400円
30年	2,106,550円	4,213,100円	6,740,960円	8,426,200円	10,954,060円	12,639,300円

② 付加退職金というのは

　運用利回りが予定利回りを上回った場合は、これを基本退職金に上積みするもので、運用収入の状況等に応じて定められます。付加退職金が発生した場合には、43か月目とその後12か月ごとの基本退職金相当額に厚生労働大臣が定めるその年度の支給率を乗じて得た額を、退職時まで累計した総額です。ただし、平成19年度から21年度の付加退職金支給率は、0です。

♠退職金の支払方法は

　退職金の支払方法には、図表68のように①一時金払い、②分割払い、③一部分割払い（併用払い）があり、退職者が選択できることになっています。

【図表68　退職金の支払方法】

① 一時金払い	退職時に一括して支払いを受ける方法。
② 分割払い	5年間または10年間にわたって分割支払いを受ける方法。ただし、この方法を選択するには、(a)退職日において60歳以上であること、(b)退職金の額が、5年間分割払いの場合は80万円以上であること、10年間の分割払いの場合は150万円以上であることが要件となっています。
③ 一部分割払い（併用払い）	一時金払いと分割払いを組み合わせて支払いを受ける方法。ただし、この方法を選択するには、(a)退職日において60歳以上であること、(b)5年間分割払いの場合は、退職金の額が100万円以上であり、なおかつ分割払い対象額が80万円以上で一時金払い対象額が20万円以上であること、10年間の分割払いの場合は、退職金の額が170万円以上であり、なおかつ分割払い対象額が150万円以上で一時金払い対象額が20万円以上であることが要件となっています。

　なお、分割払いの支払日は、毎年2月、5月、8月、11月のそれぞれ15日で、支払回数は年4回とされています。

♠掛金、退職金の税務上の扱いは

　中退共へ納付する掛金は、会社の場合は損金、個人事業主の場合は必要経費として、全額非課税の扱いとなります。

　一方、支払われた退職金は、それが一時金払いによるものである場合は退職所得等として扱われ、退職所得控除の対象となります。ただし、分割払いによる支払部分については、雑所得として課税の対象となります。

Q32 中退共の移行手続は

Answer Point

♠適年制度を実施している中小企業の事業主が、平成24年3月31日までに中退共制度へ移行する場合は、適年における資産を従業員の持分額の範囲内で全額（従業員本人負担分は除く）引き渡すことができます。

♠適年から中退共への移行には、中退共へ移行できるのかの確認をはじめ、次のようなさまざまなステップを踏む必要があります。

♠適年の資産がそのまま引き渡せる

中退共は、適年からの移行の場合、適年における資産を従業員の持分額の範囲内で全額（従業員本人負担分は除く）引き継ぐことができます。Q29の特退共の場合は新規加入の扱いしかないのと比較すれば、ゼロからの再スタートではなく、過去の蓄積を引き継ぐことができる、まさに移行が可能であるという点がポイントといえます。

すなわち、引き渡された資産は、その金額に応じて加入時の掛金月額での納付月数に換算され、その月数について中退共へ納付があったものとして通算されます。

ただし、通算されるのは、適年の受益者であった期間を超えない範囲で、540か月が限度とされています。通算できない金額については、残余額として中退共に引き渡すことになりますが、これは退職時に一定の利率を付した元利合計額が退職金に合算して支給されることになっています。

♠適年の積立不足の解消は求められない

中退共への移行に際しては、確定拠出年金への移行の場合のように適年の積立不足の解消は求められず、それまでの積立金がそのまま引き継がれるところに特色があるといえます。

裏を返せば、移行後も会社の退職金規定をそのまま継続していく場合は、掛金を増加することにより自主的に埋め合わせていくことが求められるわけです。もし、掛金増加が難しいのであれば、従業員の既得権保護を念頭に置いたうえで、労使で話し合い、退職金規定の見直し・変更により退職金の支給水準を引き下げるなどの施策を講じる必要があります。

♦中退共へ移行するときの手続は

　中退共制度へ移行する場合は、まず、事業主が「移行関係書類の送付依頼書」を請求し、その書類に必要事項を記載して中退共本部へ送付（郵送、FAXとも可）することからスタートします。

　なお、移行関係書類の送付依頼書は、中退共本部へ直接請求するか、ネットからダウンロードして入手します。

　事業主と中退共等との間の移行手続の流れは、図表69のようになります。

【図表69　中退共へ移行するときの手続の流れ】

(1) 移行関係書類を中退共へ送付依頼
① 「移行関係書類送付依頼書」を中退共本部へ直接請求またはネットからダウンロードして入手。社名、所在地、担当者名のほか、主たる事業内容、常時雇用従業員数、資本金または出資の総額、適格退職年金契約の相手方、適年からの移行予定年月などの必要事項を記入して中退共本部へ送付（郵送またはFAX）します。
② 中退共からは、「退職金共済契約申込書（「預金口座振替依頼書」と見開き1枚になっている）」「引渡申出書」「引継のしおり」「引渡金額早見表」などが送付されてきます。

↓

(2) 適年契約の「証明書」の発行依頼
① 中退共へ引継ぎをしたい旨を連絡するとともに、適年契約を締結していたこと、適年契約従業員持分額・受益者等期間の月数の「証明書」の発行を適年契約受託機関（信託会社、生命保険会社等）に依頼します。
② 適年契約受託機関から「証明書」が発行されます。この証明書をもとに、従業員の持分、契約期間等を確認し、中退共への引渡し金額を決めることになります。

↓

(3) 金融機関へ「預金口座振替依頼書」を提出
① 中退共への掛金を振替納付する金融機関へ(1)の②の「預金口座振替依頼書」を提出します。これは上述のように「退職金共済契約申込書」と見開き1枚になっており、「退職金共済契約申込書」のほうには事業所名、住所などのほか加入させる従業員の氏名、掛金月額、生年月日、勤続年数などの欄が設けられており、そこに記入したうえで提出することとなります。
② 「預金口座振替依頼書」が金融機関から返却されてきます。

↓

(4) 中退共へ「退職金共済契約申込書（預金口座振替依頼書）」等を送付
① 中退共へ「退職金共済契約申込書（預金口座振替依頼書）」「引渡申出書」および(2)の②の適年契約の証明書を送付します。
② 書類審査後、中退共から「中退共制度契約締結通知」「被共済者名簿」が送付されてきます。被共済者名簿には、被共済者ごとに通算月数、掛金納付月数の通算額と残余額等が記載されています。

↓

(5) 「退職金共済手帳」の送付
　中退共から通算月数を表示した「退職金共済手帳」が送付されてきます。事業主と中退共との移行手続上のやりとりは、以上で完了します。

Q33 確定拠出年金ってどういう年金のこと

Answer Point

♤確定拠出年金は、拠出するお金（掛金）を各人が運用指図し、将来の年金を確保する制度です。

♤拠出する掛金は決まっていますが、給付額は運用次第で決まるところに特色があり、自己責任での運用となります。

♤確定拠出年金は、離職や転職した場合に、転職先に確定拠出年金があれば、積み立てた年金資産を持ち運ぶこと（ポータビリティ）ができます。ただし、原則60歳までは、途中で引き出せません。

♠給付額は運用次第の確定拠出年金

確定拠出年金とは、あらかじめ給付額が決まっている厚生年金のような年金を確定給付型と呼ぶのに対し、拠出する掛金の額は確定しているが給付額はその掛金の運用次第で決まる年金のことをいいます。確定拠出型と確定給付型を比較すると図表70のようになります。

【図表70　確定拠出型と確定給付型の比較】

		確定拠出型	確定給付型	
制度		確定拠出年金	厚生年金基金	確定給付企業年金
しくみ		掛金額を保障（給付額は運用成果次第）	給付額を保障	
運営主体		事業主（企業型年金）国民年金基金連合会（個人型年金）	厚生年金基金	企業年金基金または事業主
掛金		事業主拠出のみ（企業型年金）本人拠出のみ（個人型年金）	加算部分（多くは事業主負担）代行部分（事業主と加入者が折半）	事業主拠出が原則（加入者が同意した場合は加入者拠出が可能）
資産運用等		加入者が運用し、資産は個人別に管理	制度実施者（企業等）がまとめて運用管理	
税制	（拠出時）	非課税	非課税	非課税（加入者拠出は実質課税＝生命保険料控除）
	（運用時）	特別法人税課税（平成22年度末まで凍結）	実質非課税	特別法人税課税（平成22年度末まで凍結）
	（給付時）	年金：公的年金等控除 一時金：退職所得控除	年金：公的年金等控除 一時金：退職所得控除	年金：公的年金等控除 一時金：退職所得控除 ※加入者拠出相当分は非課税

③ 適年の移行先の概要は

掛金の運用指図は、個人が行い、自己責任です。運用結果がよければ受取年金額が増えますが、まずければ受取年金額は拠出した掛金の総額を下回る可能性もあります。

♠企業型と個人型の2つがある

確定拠出年金には、企業型の確定拠出年金と個人型の確定拠出年金の2つがあります。

企業型の確定拠出年金は、厚生年金保険の適用事業所の会社が労使の合意に基づいて導入する確定拠出型の企業年金制度となっています。

会社が出した掛金を、加入者である従業員が自分の責任で運用し、60歳以降（原則として）に、その運用結果に基づいた支払いを受ける制度となっています。

一方の個人型の確定拠出年金は、日本国内に住んでいる20歳以上60歳未満の自営業の方とその家族や自由業、学生など国民年金の第1号被保険者が運営管理機関と個人型プランを選び、毎月掛金を出して運用するものです。

それぞれの制度の概要は、図表71のとおりですが、両制度に重複して加入することはできません。

【図表71 企業型確定拠出年金と個人型確定拠出年金の概要】

	企業型確定拠出年金	個人型確定拠出年金
加入対象者	労使の合意に基づいて確定拠出年金制度を実施する会社の従業員（国民年金第2号被保険者）。	厚生年金基金・適格退職年金・確定給付企業年金などの企業年金等の対象となっておらず、かつ企業型の確定拠出年金の対象となっていない会社の従業員と自営業者など（専業主婦や公務員を除く）。
掛金	企業からの拠出のみで、従業員は拠出はできません。	加入者個人からの拠出のみで、企業の拠出はできません。
規約	労使の合意に基づき確定拠出年金規約を策定します。加入資格については、差別的な取扱いをすることが禁止されています。また、一定条件の下では、特定の者を加入者とすることもできます。	国民年金基金連合会が規約を策定します。本人の申請による任意加入となっています。
拠出限度額	① 厚生年金基金等の確定給付型年金を実施していない場合 →月額51,000円 ② 厚生年金基金等の確定給付型年金を実施している場合 →月額25,500円	① 自営業者等 →月額68,000円（国民年金基金の限度額と枠を共有） ② 企業型年金や厚生年金基金等の確定給付型年金を実施していない場合 →月額23,000円

♠確定拠出年金のメリット・デメリットは

　確定拠出年金のメリット・デメリットは、図表72のようにまとめることができます。

【図表72　確定拠出年金のメリット・デメリット】

メリット	デメリット
・加入者個人が運用の方法を決めることができる。 ・社員の自立意識が高まる。 ・経済・投資等への関心が高まる。 ・運用が好調であれば年金額が増える。 ・年金資産が加入者ごとに管理されるので、各加入者が常に残高を把握できる。 ・一定の要件を満たせば、離転職に際して年金資産の持ち運びが可能。 ・企業にとっては、掛金の追加負担が生じないので、将来の掛金負担の予測が容易。 ・掛金を算定するための複雑な数理計算が不要。 ・拠出限度額の範囲で掛金は非課税扱いとなる。	・投資リスクを各加入者が負うことになる。 ・老後に受け取る年金額が事前に確定しない。 ・運用するために一定の知識が必要。 ・運用が不調であれば年金額が減る。 ・原則60歳までに途中引出しができない（退職金の代わりにはならない）。 ・勤続期間が3年未満の場合には、資産の持ち運びができない可能性がある。 ・加入者ごとに記録の管理が必要になるため、管理コストが高くなりやすい。

♠資産運用面の教育が大切

　確定拠出年金は、加入者自身が自己責任において運用商品を選択して運用する年金制度ではありますが、これまで資産運用を一切やってこなかった人、投資について勉強していない人にとっては、戸惑うだけになってしまいます。それだけでなく、いざ年金を受け取るときになって、「こんなはずではなかった」と後悔する人が出てくることにもなりかねません。

　確定拠出年金法第22条では、企業型年金加入者に対しての事業主の責務について「事業主は、その実施する企業型年金の企業型年金加入者等に対し、これらの者が行う第25条第1項の運用の指図に資するため、資産の運用に関する基礎的な資料の提供その他の必要な措置を講ずるよう努めなければならない」と規定しています。

　確定拠出年金を導入するからには企業側には、従業員への十分な説明と資産運用の教育を施すことが義務づけられているわけです。制度を導入するだけではなく、会社がしっかりと加入者に資産運用の教育を継続して行っていく必要があります。

Q34 確定拠出年金の移行手続は

Answer Point

♤ 適年制度から確定拠出年金への移行にあたっては、積立不足のないことが要件となっており、その手当をすることが前提となります。

♤ 移行に際しては、労使の合意や運営管理機関・資産管理機関選定、加入者教育など、多くのクリアすべき点があり、1年程度の期間を必要とするため、早めの着手が求められます。

♤ 確定拠出年金は、転職先が同制度を導入していれば積み立てた資産を持ち運べますが、60歳までは中途解約・引出しができません。

♠事前検討を十分に行う

移行するにあたっては、事前に検討すべき事項が種々あります。

その筆頭は、積立不足の解消です。適年から確定拠出年金への移行するについては、積立不足のないことが要件だからです。方法としては、次の3つがありますが、自社の実状等を勘案して決めることになります。

(1) 適年の責任準備金を年金資産（適年の積立金）と同額まで減額する。
(2) 適年の基準を一部減額し、積立不足を少なくしたうえで、積立不足額を一括拠出する。
(3) 適年の積立不足を一括拠出する。

さらに、図表73に掲げた事項については、事前に検討してそれなりの結論を出しておくことが肝要です。

【図表73　事前検討が必要な主要事項】

事前主要検討事項	・退職金算定方法など制度のしくみは従来のままでよいのか、変更がある場合はどう調整するのか
	・適年からの資産をすべて移換するのか、それとも従業員が選べるようにするのか
	・バランスのよい掛金テーブルになっているか、中途採用者や高齢者に不利になっていないか、不利になっているとすればどう対応するのか
	・60歳まで解約できないという制約をどう補完していくのか

これらの検討は、社内だけでは難しい可能性もあります。そのときは、外部の専門機関の知恵を借りることも必要です。

♠運営管理機関を選ぶ

会社が企業型確定拠出年金に移行する場合のしくみの概略としては、一般的に図表74のようなイメージとなります。

【図表74　企業型確定拠出年金のイメージ】

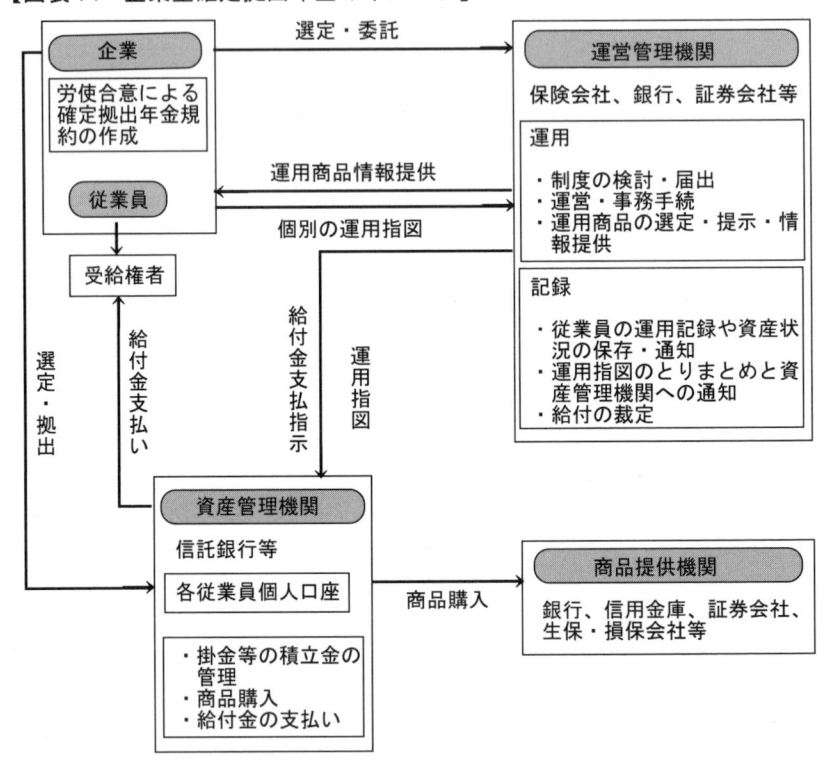

```
企業 ──選定・委託──→ 運営管理機関
 労使合意による              保険会社、銀行、証券会社等
 確定拠出年金規
 約の作成                    運用
                            ・制度の検討・届出
 従業員 ←運用商品情報提供→  ・運営・事務手続
        ←個別の運用指図→   ・運用商品の選定・提示・情
                              報提供
 受給権者
                            記録
                            ・従業員の運用記録や資産状
                              況の保存・通知
  選定     給付金     給付金   運用   ・運用指図のとりまとめと資
  ・       支払い     支払     指図     産管理機関への通知
  拠出                 指示          ・給付の裁定

        資産管理機関
         信託銀行等
         各従業員個人口座  ──商品購入──→ 商品提供機関
                                          銀行、信用金庫、証券会社、
         ・掛金等の積立金の                生保・損保会社等
           管理
         ・商品購入
         ・給付金の支払い
```

会社がこのような企業型確定拠出年金への移行にあたってまず着手するのは、運営管理機関の選定です。

運営管理機関は、会社が単独で企業型確定拠出年金に関連するすべての業務をこなすには無理があるところから、当該会社に対して制度の提案、規約の作成、事業主の代理として当局への届出、運営事務手続、商品の提供・運用商品の変更手続、教育等の全般にわたってバックアップする役目を果たします。

運営管理機関の業務を遂行するのは、保険会社、銀行、信託銀行、証券会

社などの金融機関が中心で、現在、約200社近くが厚生労働省に登録されています。

なお、会社が運営管理機関を選定するにあたっては、取引関係や人的関係などといった組織メリットを優先するのではなく、あくまでも従業員の立場に立って複数の金融機関について客観的な評価をすべきこと、そしてその評価結果の比較表を作成し、労使で制度を取り決めた規約書に合意する場においてはどういう理由で当該運営管理機関を選んだのかを示して了解を得たうえで、当局への申請時にそれを添付することが義務づけられています。

ただし、従業員数が100人未満の会社は、複数運営管理機関の比較評価は省略できることになっています。

♠移行のスケジュールは

運営管理機関が決まれば、その機関と協議して移行のスケジュールを設定することになります。制度設計、労使協議、当局への規約の届出・承認、従業員の説明・投資教育など、かなりのボリュームのある項目を消化しなければなりませんから、スタートから1年程度は覚悟する必要があるとされています。スケジュールの1例をあげると図表75のようになります。

【図表75　移行スケジュール例】

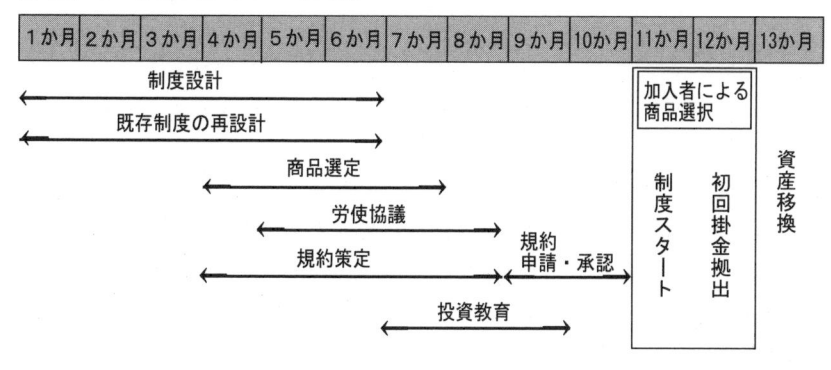

1か月	2か月	3か月	4か月	5か月	6か月	7か月	8か月	9か月	10か月	11か月	12か月	13か月
制度設計 ←──────────────→										加入者による商品選択	初回掛金拠出	資産移換
既存制度の再設計 ←──────────────→										制度スタート		
		商品選定 ←──────────→										
			労使協議 ←──────────→									
			規約策定 ←──────────→				規約申請・承認					
				投資教育 ←──────→								

制度設計や既存制度の再設計の作業においては、前述した事前検討事項等を中心に、運営管理機関が蓄積している豊富な事例などをベースにしたアドバイスを十分に受けて、よりよい内容に仕上げることが大切です。

商品選定については、運営管理機関が用意している商品群の中から、投資信託のほか定期預金や積立傷害保険等の元本保証商品を併せて10数品目を選び、その中で各従業員に選択させるケースが一般的だとされています。

規約申請は、地方厚生局に対して行います。その際提出を求められる書類

は、図表 76 のとおりです。

【図表 76　規約申請の際に提出が求められる書類】

規約申請の際に提出が求められる書類	・承認申請書 ・企業型年金規約 ・過半数労働組合の同意書および労働組合の現況証明書もしくは過半数代表者の同意書および過半数を代表することの証明書 ・労使協議の経緯（議事録など） ・運営管理機関の登録通知書の写しおよび勧誘方針 ・運営管理業務委託契約書の写し ・運営管理機関の選定理由書・比較表 ・資産管理委託契約書の写し ・就業規則（または労働協約）および給与規定（また退職金規定）の写し ・商業登記簿謄本 ・厚生年金適用事業所の証明 ・適年制度等からの資産移換にかかる規定・規約・その他の必要事項 ・加入者に一定の資格を定める場合は、退職金規定等で退職金手当制度の範囲を証する書類 ・概要書

　なお、申請から承認までには、約 2 か月間かかるとされています。
　ところで、確定拠出年金は、加入者である従業員個人が自らの指図で運用することで年金資産を増やしていくところに特色があります。
　それだけではなく、確定拠出年金の制度設計にあたっては、一般に年率 2.0％〜2.5％で運用することを前提として、移行前の退職金水準が確保できるように掛金を設定しているケースが多いとされています。しかし、現在のような状況下でコンスタントにその運用益を確保するのはなかなか難しいのが実状でしょう。
　それだけに従業員個々の投資知識のアップが重要なポイントであるといえます。図表 75 の移行スケジュールに投資教育の項目が盛り込まれているのもそのためです。しかし、移行時のこの投資教育だけでは十分とはいえず、よくわからないため安定商品で預け放しの加入者の割合が高いという調査結果もあります。
　確かに、運用は加入者である従業員の自己責任であり、会社は運用利回りに責任をもつことを求められているわけではありませんが、少なくても実質的に目減りするような運用をすることのないよう、投資教育を継続的に実施していくことが導入の趣旨に沿うことになると考えるべきでしょう。

Q35 厚生年金基金ってどういう年金のこと

Answer Point

♤厚生年金基金は、厚生年金保険法に基づき、厚生労働大臣の認可に受けて設立された企業年金の一種であり、厚生年金の老齢給付の一部を国に代わって支給するとともに、独自の「加算年金」を支給するという制度です。

♤基金に加入することにより増加する掛金は、全額事業主負担となっており、その額はそれぞれの基金により異なりますが、一般的には報酬標準月額の1.5％と賞与標準給与額の0.3％を合計した金額です。

♤「加算年金」の支給は、退職時です。ただし、60歳未満での退職の場合は、60歳からの支給となっています。

♠厚生年金基金のしくみは

厚生年金基金は、厚生年金保険法に基づき、厚生年金保険に加入している事業主と従業員が組織し、国の厚生年金の給付（老齢厚生年金）を代行するとともに、基金独自のプラスアルファ部分を上乗支給するしくみになっています。

厚生年金基金が代行するのは、厚生年金の老齢給付の報酬比例部分のうち、厚生年金基金の加入期間分の再評価部分と物価スライド分を除いた部分になります。これにプラスアルファ部分を上乗せする場合、そのプラスアルファの厚みは、代行部分の給付現価を100％としたときの1割程度とされています。

さらに、この代行部分に各基金で定める独自の加算年金がプラス支給されることになるわけです（図表77参照）。

♠厚生年金基金の種類は

厚生年金基金には、1つの会社（加入者合計1,000人以上）が単独で基金を設立して運営する単独型、主力企業を中心にグループ企業等が集まり（加入者合計1,000人以上）共同で基金を設立して運営する連合型などといった中堅・大手企業が組織しているものもありますが、大部分は同種・同業の会社が集まって（加入者合計5,000人以上）共同で基金を設立して運営する総合型の形態がとられています（平成17年4月以降に設立の場合）。

【図表77　厚生年金基金の概念図】

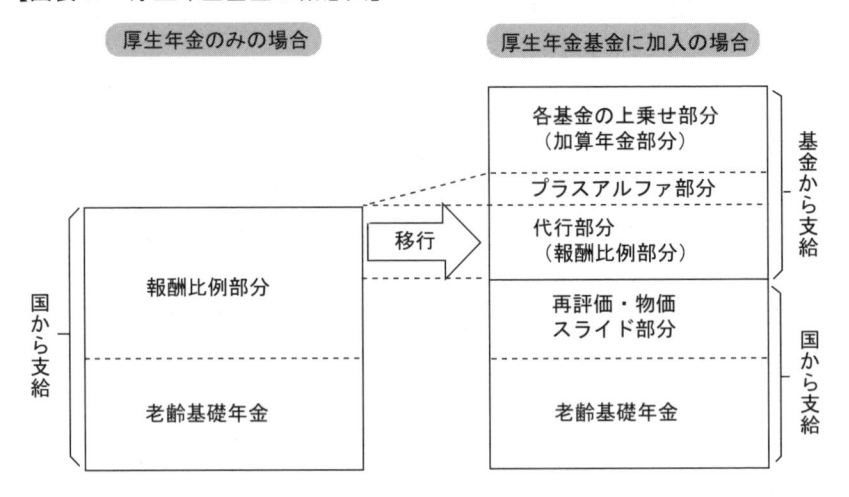

厚生年金のみの場合
- 国から支給
  - 報酬比例部分
  - 老齢基礎年金

↓ 移行 ↓

厚生年金基金に加入の場合
- 基金から支給
  - 各基金の上乗せ部分（加算年金部分）
  - プラスアルファ部分
  - 代行部分（報酬比例部分）
- 国から支給
  - 再評価・物価スライド部分
  - 老齢基礎年金

♦基金の掛金は

　厚生年金保険料は、標準報酬月額に保険料率15.704％を乗じた額を事業主と被保険者である従業員が折半で負担していますが、基金に加入すると、基金が代行する部分の免除保険料率（4.2％）分は基金に納められ、国に納める厚生年金保険料はその分減額され、11.504％となるしくみとなっています。

　また、毎月の保険料以外に、年3回までの賞与については、基金に対して4.2％、国に対して11.504％を乗じた保険料を納めることとなっています。

　なお、基金が独自に上乗せする加算年金部分等への掛金、いわゆる増加掛金は、基金によって異なりますが、一般的には標準報酬月額の1.5％相当額、賞与の0.3％相当額となっており、全額事業主の負担とされています。この掛金は、全額損金（必要経費）となっています。

♦給付は

　給付は、プラスアルファ部分を含めた代行部分と加算年金部分とで扱いが異なります。プラスアルファ部分を含めた代行部分は、あくまでも老齢厚生年金ですから、生年月日に応じて定められている老齢厚生年金の受給開始年齢（60歳〜65歳）以降に年金として支給されます。途中退職があっても、その時点での支給はされません。

　一方、加算年金部分については、老齢厚生年金の加算部分として老齢年金と同様に年金として受給できるのはもちろん、希望時に選択一時金として受

給することも可能です。また、途中退職の場合は、退職時に脱退一時金として受給することとなります。

なお、加入者が死亡したときは、基金への加入期間が3年以上であれば、遺族一時金が支給されます。

♠基金のメリットは

厚生年金基金に加入することによるメリットは、図表78のようにまとめることができます。

【図表78　厚生年金基金加入のメリット】

	厚生年金基金加入のメリット
事業主	・事業主負担の掛金は、標準報酬の1.5％分程度増加しますが、全額損金（必要経費）扱いとなり実質負担は軽減されます。 ・厚生年金保険の被保険者全員が対象で、法人の代表者、役員も加入できます。 ・加算部分を退職金の一部として事前に準備することができます。
従業員（加入員）	・老齢厚生年金は国民年金の受給資格期間が原則25年以上必要ですが、基金の基本年金は加入員期間が1か月以上あれば期間に見合う年金が支給されます。 ・加入員は基金加入による掛金の負担増はなく、国よりも多い年金が終身で受給できます。 ・70歳以降働いていると、国の老齢厚生年金は報酬に応じて支給停止されますが、基金の基本年金は全額支給されます。 ・退職後に失業給付を受けていると国の年金は減額されることがありますが、基金の基本年金は減額されず全額支給されます。 ・加算年金は、最長15年保証付の終身年金です。加算年金受給者が受給開始後15年未満で死亡した場合には、残りの期間の年金相当分が一時金として遺族に支給されます。 ・加入員期間3～10年未満の人が退職または退職前で65歳に達したときは、脱退一時金が支給されます。なお、加入員死亡のときは、遺族に一時金が支給されます。

♠基金のデメリットは

基金のデメリットとしては、事業主には、掛金の追加拠出の可能性、退職給付債務を負債として会計処理する必要がある、という点があげられます。従業員にとっては、加入員ごとの年金資産が不明確、運用方法や資産構成割合を選択できない、という点があげられます。

また、厚生年金基金には、会社が基金に加入していれば本人の意思に関係なく自動的に入ることになるため、従業員本人が厚生年金基金に加入していることを認識していない、ということもあります。

Q36 厚生年金基金の移行手続は

Answer Point

♤ 厚生年金基金は、適年と同様に確定給付型であるところから、将来的には厳しい状況が予想されます。したがって、適年から移行しようとする場合は、それらを十二分に考慮に入れる必要があります。

♤ 一般的には、移行というよりは新規加入となりますが、その手続は次のとおりです。

♠ 移行先としてふさわしいか十分検討する

厚生年金基金は、適年と同様に確定給付型です。Q35でも触れたように国の事業である厚生年金の運営を一部代行しながら、加入者からの掛金を運用することによって、年金額を上乗せしていくしくみです。大企業が1社単独で運営している単独型、企業グループによる運営の連合型、同業等の複数企業が加入して運営している総合型の3つの形態がありますが、その多くは適年と同様に積立不足に陥っているともいわれ、支給額のカットをはじめ、代行部分を国に返上するいわゆる「代行返上」が増えており、最悪は基金を解散するところもあって、将来的にはきわめて厳しい状況にあるとされています。現実に、厚生年金基金の数は、平成8年前後のピーク時は1,900件近くありましたが、いまはその半分以下に減少しています。

したがって、もし適年から厚生年金基金への移行を考えているのであれば、それらの状況を十分に考慮に入れて検討すべきというよりも、考え直すほうがベターだといえます。

なお、適年と厚生年金基金では、給付設計上の要件等に差異があるため、移行する際には、厚生年金基金の認可基準にあわせた給付設計に変更する必要があります。

また、権利義務を承継する場合は、給付設計、財政運営を緩和する特例措置が設けられています。

権利義務の承継によらず、適年契約の全部または一部を解除したことにより返還される金額を、厚生年金基金の加入員となった受益者等にかかる過去勤務債務を償却するための掛金として、直ちに一括して払い込むという方法もあります。

♠総合型の基金に加入する手続は

　適格年金の権利義務を継承して厚生年金基金へ移行する場合は、新たに独立した厚生年金基金を設立する必要があります。それには、設立に必要な最低人数の要件を満たさなければならないほか、費用の関係からも負担が大きく、特に中小企業の移行先としては現実的ではないとされています。

　そこで、ここでは最も現実的で一般的な既存の総合型の厚生年金基金に移行、というよりも新規加入するにあたっての手続の例を紹介すると図表79のようになります。

【図表79　厚生年金基金加入手続の例】

①	加入申込み	次のような書類を提出して、当該基金へ加入申込みをします。 ・事業主同意書（事業主の加入についての同意書） ・従業員同意書（事業所における被保険者の過半数以上の自署捺印。労働組合がある場合は、労働組合の同意書） 　このほかに、社会保険適用通知書または社会保険料の領収書の写し（直近のもの）を求められるケースもあります。 　なお、同意書の様式は、当該基金で用意している場合もあります。
②	認可申請	当該基金が、厚生労働大臣（各地域を統括する厚生局を経由）へ認可申請を行います。認可が下りるまでの期間としては、通常、1～2か月かかります。
③	認可受理	加入認可を受けて、加入適用日にさかのぼり、基金に次の書類を提出します。 ・加入時の加入員資格取得届 ・事業主関係登録届 ・預金口座振替払いに関する届出書
④	掛金の納付	基金加入後、加入適用日にさかのぼって基金掛金を納付します。 なお、厚生年金保険料は、適用日にさかのぼって調整され、日本年金機構からは基金の免除保険料が免除（減額）されて納入告知されます。

　ところで、最近では、中小企業を中心に設立された総合型厚生年金基金において、適年を受け入れるために、これまでの加算年金に加えて第2加算年金を創設したり、基金が事務局となって総合型確定給付企業年金や総合型確定拠出年金を併設するほか、地域や業種を限定しないで加入事業所を拡大するなどといった新たな動きもみられます。

Q37 自社独自年金制度に移行するときは

Answer Point

♤適年から自社独自の年金制度に移行する場合には、適年の資産を移行することはできません。

♠適年の移行はできないことに留意

　自社独自年金制度を採用する場合は、適年制度の資産を引き継ぐことはできません。したがって、いわゆる移行はできず、適年を解約しての乗換えということになります。

　解約・乗換えについては、Q30でも触れたように、適年の解約返戻金は従業員に分配されるため、ゼロからのスタートを余儀なくされるわけです。

♠税制上の優遇措置が受けられない

　自社独自年金制度は、企業年金のうち私的年金の1つとされ、企業が任意で金融機関等と契約して年金を運用するものです。必ずしも法律による規制を受けるわけではないので、その加入条件等は企業の自己裁量となりますが、その反面、法律での保護を受けていない年金ですので、税制上の優遇措置もありません。

　また、企業が倒産した場合に年金がもらえない、または給付金が低くなるなど、企業の業績に影響を受けやすくなってしまいます。

♠企業財政に余裕があることが前提

　自社独自年金制度は、企業の退職者の老後の福利厚生の向上を目指すために設立されているものであり、公的年金のうえに、さらに私的年金として積み上げるものになります。しかし、この年金制度を行う企業は、財政に余裕がなければなりません。

　さらに、年金資金の運用の成績が上がらず連続マイナスとなり企業の業績の低迷や財政悪化により掛金の拠出が困難となってしまうと、支給額の減額や制度の終了に踏み切る企業も増えていて、大企業の企業年金であっても、受給者側の不満として訴訟になっている場合もあります。

　自社独自年金制度は、業績が悪くなったりすると積立てができなかったり、税制上の優遇措置がないなどのため、あまり実施されていないようです。

③ 適年の移行先の概要は

Q38 中退共と生命保険商品の組合せは

Answer Point

♤ 中退共と生命保険商品の組合せは、企業の経営状況等により、どの程度で組み合わせたらよいかが変わってきます。

♠ 退職事由による格差づけに生命保険を活用

　適年制度から中小企業退職金共済（中退共）制度への移行は、中小企業が選択する最も一般的なパターンの1つとされています。Q32でも触れたように、従来設けられていた適年からの移換資産は10年分という制限が撤廃されて移行がやりやすくなったうえ、確定拠出年金のように従業員の運用の手間を要することはないなども含めてより手軽な点が評価されてのことでしょう。

　ところで、退職金の支給については、退職事由により格差をつけている会社が多く見受けられます。例えば、会社都合による退職は、自己都合による退職に上乗せして支給するといったケースがそれです。

　しかし、中退共の場合、会社都合・自己都合といった考え方はもともとありません。それまで積み立てられてきた実績に基づき、給付額が支給されます。それも会社は経由せず、直接退職者本人の口座へ振り込まれますから、会社が関与する余地はまったくありません。これは、確定拠出年金も同じです。

　もっとも、中退共の場合、懲戒解雇のときには「被共済者退職届」に懲戒解雇のため退職金を減額したい旨を申請し、厚生労働大臣の認定を受ければ減額できます。ただし、退職金が減額された場合、その減額分は共済制度における長期加入者の退職金支払財源に振り向けられ、会社には返ってきません。

　したがって、中退共へ移行して、会社都合・自己都合による支給格差をつけようとすれば、中退共は一般的な支給保障として自己都合の場合に充当することとし、会社都合で上乗せが必要な分については別途手当をすることとなります。

　また、中退共の掛金の上限額が30,000円と低くて賄いきれず、それを超える部分についても、別途手当が必要となるケースもあります。

　その別途手当分の手段としてよく活用されるのが、生命保険なのです。

♠全員加入型の養老保険（ハーフタックスプラン）が人気

　退職金の準備として用いられる生命保険には、養老保険、がん保険、長期平準定期保険、変額有期保険などがあります。これらの中で最も一般的なのは、貯蓄性商品で全員加入型の養老保険（別名・ハーフタックスプラン）です。

　この全員加入型の養老保険は、従業員全員加入を前提に会社が契約し、従業員が死亡したときは遺族に保険金が支払われますが、中途解約金や満期金は会社が受け取ることとなっています。したがって、従業員が中途退職した場合は、保険を解約して、その解約金を退職金に充当します。定年退職した場合は、満期保険金（定年年齢に合わせて契約します）を退職金に充当することとなります。いずれの場合も、全額支給するのかどうかは、会社が決めます。中退共や確定拠出年金とは違い、会社が退職金の支払いをコントロールできるところがみそといえます。

　また、全員加入型の養老保険は、引当がなくなった一時金制度に対して、支払保険料の2分1を福利厚生費として損金処理（残りの2分1は資産計上となります）しながら外部積立てできるのが特色です。

♠全員加入型の養老保険のしくみと税務取扱い

　ハーフタックスプランとして支払保険料の2分1を損金処理できる養老保険は、図表80の契約形態に合致するものだけです。すべての養老保険が対象となるわけではありません。

【図表80　全員加入型の養老保険の契約形態】

全員加入型の養老保険の契約形態	
契約者	法人
被保険者	役員・従業員（原則・全員加入）
保険金受取人	遺族
満期保険金受取人	法人
解約金受取人	法人

　この養老保険は、その名のとおり全員加入が原則ですが、客観的な基準によって対象者を限定することは可能です。例えば、離職率の高い企業では、「入社3年以上の者」というような基準設定であればよいとされています。もし、被保険者を特定の者のみとしている場合は、福利厚生費とは認められず、その者に対する給与として扱われます。

Q39 退職金を新たに設ける際に注意することは

Answer Point

♤ 退職金は、会社として必ず制度を設けて、労働者に支払わなければならないものではありません。しかし、労働条件通知書・労働契約書（雇用契約書）や就業規則に退職金の支払いを明示したりした場合には、労働基準法上の賃金となり、法的に支払いの義務が生じます。

♤ 労働者が退職し、その労働者へ退職金を支払う時期がきた場合に、支払う資金がないときや支払いが困難なときでも、原則として、労働者へ退職金を支払う義務が生じるので、注意が必要となります。

♠支払うことを明示すれば義務が生じる

退職金は、実際の労働の対価ではないと考えられるために、当然に法的支払義務が生じるものではないとされています。

しかし、労働契約（雇用契約書）に退職金について支払うことを明示したり、就業規則（退職金規定）をつくって労働者に周知すると、労働基準法上の「賃金」に該当すると解されることとなり、法的に支払義務が生じるとされます。

♠退職金を定めた就業規則は労基署へ届け出る

就業規則に退職金の定めをする場合、常時10人以上の労働者を使用する使用者は、適用される労働者の範囲・退職手当の決定の仕方・計算および支払いの方法・退職手当の支払いの時期に関する事項についての規定を設けて、労働基準監督署へ届け出る必要があります。

【図表81　退職金の定めは労基署へ届け出る】

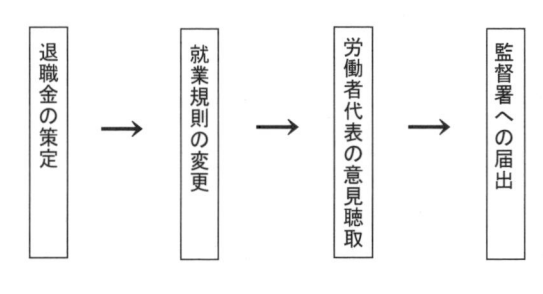

退職金の策定	→	就業規則の変更	→	労働者代表の意見聴取	→	監督署への届出

♠退職金の定めがあれば就業規則に記載

　就業規則の作成は、労働基準法第89条の規定に基づいて必ず就業規則を作成しなければならないものとされています。

　また、この退職金は、相対的必要記載事項と呼ばれるもので策定する場合には、記載しなければいけない事項という内容となります。

♠性別等による差別的な扱いは禁止

　退職金の支給条件や支給率等について、労働者の国籍や信条、社会的身分、性別による差別的な取扱いをすることはできません。

♠退職金の有無は通知が義務づけられている

　退職金の有無については、一般従業員に対してはもちろんのこと、パートタイマーの労働者に関しても、雇入れの際に交付する労働条件通知書や労働契約書（雇用契約書）で退職金の有無について、記載する必要があります。

　本人が希望する場合には、ＦＡＸやメールでも可能です（図表82参照）。

【図表82　退職金の通知の方法】

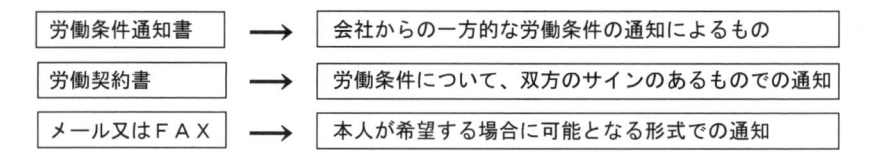

労働条件通知書 →	会社からの一方的な労働条件の通知によるもの
労働契約書 →	労働条件について、双方のサインのあるものでの通知
メール又はＦＡＸ →	本人が希望する場合に可能となる形式での通知

　なお、パートタイム労働法により、文書の交付が義務づけられています。

♠廃止・減額は難しいことを覚悟

　退職金制度を実施している企業は、約90％ともいわれていますが、昨今、この退職金に関するトラブルが増加しています。

　退職金制度を一度つくったら、廃止したり、支給額を減額したりするのは大変です。会社の業績が悪いからといって、退職金制度の廃止や退職金自体の引下げは会社の一方的な都合では行うことができません。

　退職金は金額が大きいうえに一括払いですから、その支払い根拠となる退職金規定を自社にあったものにきちんと整備しておかなければなりません。

　また、退職金規定の作成において、自社の退職準備金を中退共等の制度だけで賄う場合と、自社の退職金制度も併用して賄う場合とでは異なりますので注意が必要です。

Q40 退職金の水準はどれくらいにすればいい

Answer Point

♤ 退職金の水準に関しては、種々の考え方がありますが、まずは自社の業種・規模・地域等の情報を総合的に考える必要があります。

♤ 会社としてどこまで払えるのか、どこまで払ってやりたい思っているのかを加味することも必要です。

♠ 各種のデータを参考に検討する

　退職金の水準に関しては、さまざまな考え方がありますが、まずは自社の業種・規模・地域等の情報を総合的に考える必要があります。

　また、同時に、会社としてどこまで払えるのか、どこまで払ってやりたいと思っているのかを加味することも必要です。

　図表83は、東京都が従業員10人～300人未満の都内中小企業に対象を限定して調査した退職金データです。水準を考える際の目安として活用できるでしょう。

　なお、モデル退職金とは、通常に学校を卒業してすぐ入社した者が、普通の能力と成績で勤務した場合に、当該事業所の退職金規定のもとで、どの程度の退職金が支給されるかを算出したものです。

♠ 幅広くデータを集めて検討する

　図表83の中小企業を対象とした東京都のデータでは、大卒・定年退職者の退職金は1,600万円となっています。一方、大企業が中心の日本経済団体連合会の調査結果では、同じく大卒・60歳の定年退職者の退職金は2,400万円強となっています。中小企業と大企業とでは、退職金の金額に1,000万円近い差があることが見て取れます。

　また、同じく中小企業を対象とした場合であっても、東京や首都圏とその他の地方と比較すると、かなりの差があるケースがままあります。業種によっても違いがあります。

　したがって、水準をきちんとクリアする意味では、地元、それもできれば同業種のデータを商工会議所等を通じて収集するなど、必要なデータ収集が先決となるでしょう。

【図表83　モデル退職金（退職一時金と退職年金の併用）調査産業計】

単位：千円

学歴	勤続年数	年齢	モデル所定時間内賃金	退職金算定基礎額	自己都合退職 退職一時金支給額	会社都合退職 退職一時金支給額
高校卒	1	19	176	121	61	102
	3	21	186	131	179	277
	5	23	202	142	371	538
	10	28	239	166	1,037	1,389
	15	33	282	188	2,126	2,699
	20	38	323	213	3,685	4,464
	25	43	372	243	5,824	6,724
	30	48	416	270	8,371	9,410
	35	53	453	294	10,877	11,947
	37	55	468	314	11,859	12,978
	定年		468	304	－	15,131
高専・短大卒	1	21	188	135	88	126
	3	23	202	150	224	346
	5	25	217	161	437	624
	10	30	261	182	1,227	1,607
	15	35	301	211	2,474	3,075
	20	40	351	241	4,199	4,954
	25	45	399	274	6,567	7,532
	30	50	445	308	9,470	10,402
	35	55	473	338	11,952	13,059
	定年		473	333	－	15,076
大学卒	1	23	208	154	104	144
	3	25	224	165	247	391
	5	27	245	181	480	706
	10	32	294	203	1,354	1,844
	15	37	351	240	2,793	3,512
	20	42	407	275	4,774	5,722
	25	47	454	300	7,361	8,465
	30	52	493	331	10,569	11,568
	33	55	514	349	12,604	13,573
	定年		519	355	－	16,033

(出所：東京都産業労働局「中小企業の賃金・退職金事情（平成20年版）」
退職一時金と退職年金の併用・調査産業計の平均額)

　とはいえ、水準ばかりにとらわれて自主性を失うのは考えものです。自社の将来にわたっての支払能力、それよりも経営者の考え方を退職金に反映させることにより、活きた退職金制度を構築することが大切です。そのために、一時金がよいのか年金がよいのかといった支給方法やより従業員をやる気にさせる退職金システムを検討することが求められているといえます。

Q41 退職金をやめて賃金で従業員へ還元したいときの規定例は

Answer Point

♤退職金の相当額を毎月の給与や賞与に上乗せして支給していく方法がとられます。

♤いわゆる退職金前払制度であり、一部の大手企業ですでに実施しているところがあります。

♠賃金で従業員へ還元するやり方は

　退職金をやめて賃金で還元するやり方としては、いわゆる退職金前払制度が注目されています。一部の大手企業ではすでに実施しているところがあります。

　具体的には、退職金の相当額を毎月の給与や賞与に上乗せして支給していく方法がとられます。

　そのためには、退職金規定を廃止するとともに、それをカバーするため、図表84～86のように賃金規定を改訂することになります。

【図表84　賃金規定①】

```
（賃金の種類）
第3条　従業員の賃金の種類は、次のとおりとする。
　（1）　基本給
　（2）　役付手当
　（3）　住宅手当
　（4）　家族手当
　（5）　通勤手当
　（6）　特別手当（追加）
```

　(6)のように、新たな手当の項目を追加することにより、賃金での支払いを還元する内容とします。

【図表85　賃金規定②】

```
（基本給）
第12条　基本給は、従業員ごとに次に掲げる要素を考慮して月額で定める別表のとおりとする。
　（1）　年齢
　（2）　勤続年数
　（3）　職務遂行能力
```

　基本給での還元の場合には、それまでの号俸や級の水準をアップさせるこ

とにより、賃金で還元する内容とします。

【図表86　賃金規定③】

```
（賞与）
第19条　会社は、各期の業績を勘案して、原則として年2回、6月と12月に各1.5
　　か月分の賞与を支給する。ただし、会社の業績の著しい低下その他やむを得ない
　　事由がある場合には、支給時期を延期し、または支給しないことがある。
　2　前項の賞与の支給対象期間は、毎年4月1日から9月30日まで、および10月1
　　日から3月31日までとする。
　3　賞与は前項の期間に勤務し、引き続き支給日当日会社に在籍している者に対し
　　て支給する。
　4　定年により退職する者については、支給対象期間中の在籍期間に応じて月割で
　　賞与を支給することがある。
```

賞与での還元の場合には、支給月数をそれまでより上乗せして支給することで、賃金での還元とします。

図表84～86の例①・②・③を組み合わせて、賃金で還元する内容とします。

♠適年解約返戻金の扱いや変更内容を確認する

　退職金前払制度を行うにあたっては、賃金や賞与への上乗せ部分が退職金に相当するものであることを明示することが先決です。そのうえで、次のような手当を行います。

　退職金制度をやめる場合は、適年を現時点で解約することになりますが、その解約返戻金を前払退職金に充当することを明確にすることが必要となります。

　それだけでなく、積立不足額をどのような形で退職金前払制度に取り込んでいくのか、また、一時所得として扱われる解約返戻金の支給に伴う税金を会社は補填していくのかどうかなどといった細かな点についても、従業員との間で確認し、同意を得ることで後々のトラブルが発生しないように努めることが肝要です。

　そのためには、次のような手続を踏むことが不可欠です。
(1)　時間をかけて従業員に説明し、納得してもらう。
(2)　従業員全員から変更の同意書をとる。
(3)　変更した就業規則に意見書を添付して労働基準監督署に届け出る。
　なお、同意書は、定められた様式はありませんが、変更の趣旨・内容・日付を記載し、それに各人の署名捺印をもらうのが基本です。

Q42 いまある退職金を廃止しても問題はない

Answer Point

♤退職金の制度は、いったん導入すると、労働者の労働条件となります。これを廃止することは、不利益変更となるため、合理的な理由がない限り、無効となります。

♤もし、廃止する場合には、図表87の7つの条件をクリアする必要があります。

♠退職金廃止の条件は

退職金の制度は、いったん導入すると、労働者の労働条件となります。これを廃止することは、不利益変更となるため、合理的な理由がない限り、無効となります。もし、すでにある退職金を減額することはもちろん、これを廃止する場合には、図表87の7つの条件をクリアする必要があります。

【図表87　クリアすべき7つの条件】

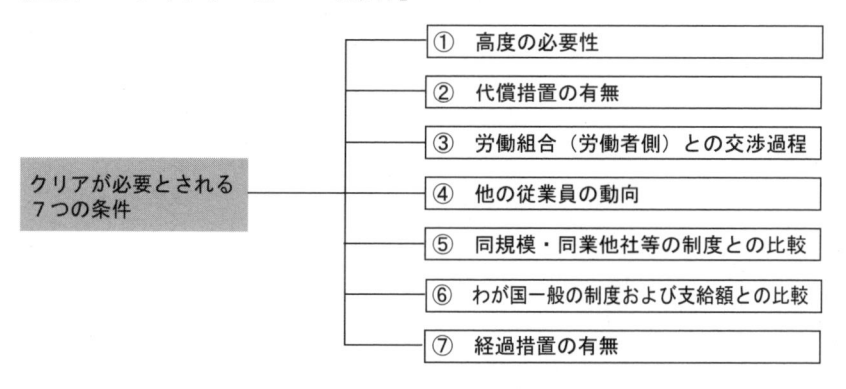

クリアが必要とされる7つの条件
① 高度の必要性
② 代償措置の有無
③ 労働組合（労働者側）との交渉過程
④ 他の従業員の動向
⑤ 同規模・同業他社等の制度との比較
⑥ わが国一般の制度および支給額との比較
⑦ 経過措置の有無

ただし、これらがクリアされたとしても、既得権は保証されていますから、現行制度での廃止時点までの退職金は侵害することはできません。

いずれにしても事業主は、労働組合や従業員と十二分に話し合い、会社の実状、代替措置の導入の提示などにより、納得してもらうことが不可欠となります。

♠不利益変更は労働者の合意が必須

退職金の廃止による労働条件の変更について、判例は次のようになってい

ます。

　「使用者が退職金に関する就業規則を変更し、従来の基準より低い基準を定めることを是認し、その効力が全労働者に及ぶとすれば、既往の労働の対象たる賃金について使用者の一方的な減額を肯定するに等しい結果を招くのであって、このような就業規則の変更は、たとえ使用者に経営不振等の事情があるにしても、労働基準法の趣旨に照し、とうてい合理的なものとみることはできない」（大阪日々新聞社事件：大阪高判昭45・5．28）
　また、他の裁判等から考え合わせても、退職金規定に関する不利益変更は、労働者の合意がない限り許されない（民事上無効となる）可能性が高いと、一般的には考えられると思われます。
　したがって、Ｑ41の最後で触れたように、従業員との話合い・確認・同意の手続が不可欠となるわけです。

♠退職金廃止の方法は

　現在いる従業員から退職金制度の廃止について同意を得るためには、これまで働いてきた分の退職金を何らかの形で保証する必要があるでしょう。
　また、退職金制度が廃止されなければ手にすることができたであろう将来分の退職金についても考慮することが求められます。
　それらの手当がなされないままでは、退職金制度の廃止においそれと同意は得られないでしょう。
　つまり、既得権益については、必ずフォローすることが求められるわけです。
　退職金制度の廃止が可能になったとして、それを進めていく具体的な方法としては、次のいずれかのやり方をとるのが一般的です。
(1)　これから入社する労働者には退職金の適用をせずに、現在いる社員にはこれまでどおりに退職金の適用することとします。
(2)　一度全員を解雇して退職金を支払い、清算してしまいます。その後、新会社や子会社等で再雇用することとします。
　いずれにしても、現在いる従業員の全員が退職するまでは、現行の退職金制度の実質的な内容、特に支給金額の面で確保することが避けられないことを覚悟すべきでしょう。

Q43 自社の退職金が現状にあっているかどうかを見極めるポイントは

Answer Point

♤ まず現状の分析を行うことが必要です。いま働いている個々の従業員が、定年まで働いた場合、彼らへどのくらいの退職金を支払うことが必要となるのかを計算します。

♤ これを積み上げていき、必要額に対して、どれだけの資金準備ができているのかを確認すれば、自社の退職金制度が現実的なものかどうかのアウトラインは把握できます。

♠ 現状分析により実態を把握する

自社の退職金が現状にあっているかどうかを見極めるためには、まず現状の分析を行うことが必要です。

現状分析する際に注目すべきポイントとその理由は、図表88のとおりです。

【図表88　現状分析の注目点】

注目点	説　明
会社の現状と退職金の関係	現行制度のまま推移して、所定の退職金を支払うことができるか。
現時点における退職金制度の財政	退職金の支払見込みや退職金積立金の不足額等をきちんと把握しておく。
規定と経営方針とマッチしているか	賃金は能力・成果主義に基づいているにもかかわらず、退職金は年功一律で算定されていないか。

♠ 現状分析からわかることは

現状分析することにより、図表89のことが明確になります。

【図表89　現状分析でわかること】

明確になること	説　明
現行の退職金制度の問題点	現時点までにおける積立金不足や将来を考えた場合の資金確保面での不安、成果主義にマッチしていない等
新制度へ改定するための方向性	退職金制度の金額面の水準設定は、定年・中途退職間の格差設定は、前払制度などとの比較検討は等
外部制度の処理対策	適年からの移行時期・移行先・準備期間をどうするか、適年解約の場合の解約返戻金の扱いはどうするのか等

♠現状分析するための準備書類は

　退職金の現状分析をするにあたって必要となる準備書類は、図表90のとおりです。

【図表90　現状分析のための必要準備書類】

準備物	説　明
就業規則	適用対象者が明記してあるか（例えば、臨時雇い、パートタイマー、嘱託は除く等）、退職金の有無が記載されているか等
賃金規定	適用対象者が明記してあるか（同上等）、退職金制度がある場合は、それを前提とした体系となっているかどうか等
退職金規定	適用対象者が明記してあるか（同上等）、算定方法は実績主義を反映しているか、支払時期は余裕をもって明記してあるか等
社員データ	勤続年数や年齢構成のほか、いつ・どの時点でどれだけの定年が発生するか、現在・将来における支給額が把握できるか等
解約返戻金の明細	中退共等に移行するにしても、退職金前払制度などに変更するにしても適年の受取人別解約返戻金がいくらかを把握する等

♠社員別のシミュレーションをする

　退職金の現状分析においては、最終的に社員別のシミュレーションを行います。このシミュレーションは、図表91のように現時点におけるものとそれぞれの社員が定年を迎えた時点でのものと2時点について行います。

♠シミュレーションで押えるポイントは

　シミュレーションで押えるべきポイントは、いつ・誰が定年退職を迎えることになるのかを確認することが必要です。

　そのうえで、退職者が出たときにいくら退職金の支払いが必要となるのかについて、続けて確認する必要があります。そして、その支払うべき退職金の金額に対して、どれくらいの準備ができているのかについて把握することが重要となります。

♠あっているかどうかの見極めポイントは

　ひと口に退職金制度といっても種々の種類があります。

　支給の方法だけでも、退職一時金制度であったり、退職年金制度であったり、あるいは在職中に賃金に上乗せ（前払退職金制度）であったりと種類があります。退職一時金制度であれば、その設計方法として、定額制退職金制

【図表91　社員別シミュレーションのポイント】

	項目	説　明
現時点	現時点の社員の年齢は	全従業員の年齢を把握する。今後必要となる退職金支給のために要する資金の算定をするために必要。
	現時点の社員の勤続年数は	現時点で全従業員が退職した場合に必要とされる退職金額を算出する基礎データとして用いる。
	現時点の会社都合の退職金は	現時点で必要とされる退職金額を算出し、制度を切り替えるタイミングや方向性を検討するのに用いる。
	現時点の自己都合の退職金は	現時点で必要とされる退職金額を算出し、制度を切り替えるタイミングや方向性を検討するのに用いる。
定年時	定年時の社員の勤続年数	定年時に必要とされる退職金額を算出する基礎データとして用いる。
	定年時の予想退職金	定年時の退職金額を算出し、将来必要とされる退職金額を把握する。
	定年時の予想退職金の不足額	上記の定年時の予想退職金と現行の積立額とを比較することにより算出し、不足額補填の方法・手段の検討に用いる。
	定年時期の把握	個々の従業員が定年退職する時期を把握することにより、いつ、どれだけの退職金が必要になるかチェックに用いる。

度、基本給連動型退職金制度、別テーブル方式退職金制度、ポイント制退職金制度とあります。

　退職金の資金準備の方法にも、厚生年金基金、確定給付企業年金、確定拠出年金、自社独自積立、生命保険会社、退職共済制度など、多くの方法があります。

　さらに、この種々の種類の退職金制度を組み合わせることもあるわけです。自社の退職金が現状にあっているかどうかを見極めるというのであれば、まず現行の退職金制度がどんなものなのか、現在の従業員のデータ、自社の財務状況、さらに予想される将来の従業員のデータ、自社の財務状況の見通し、今後予想される経済状況など、さまざまな点を分析しながら総合的に判断していく必要があります。

　また、近年の雇用情勢の変化をみると、従業員がどのような退職金制度を期待・希望しているのかという点も考慮していく必要がありそうです。

Q44 前払いの退職金へ変更するときのメリット・デメリットは

Answer Point

♤前払いの退職金とは、退職時に支払われる退職金を、在職中に毎月の給与等に上乗せして前払いするもので、確定拠出年金や中退共のしくみと同様のものと考えられ、それぞれ下記のようなメリットとデメリットがあります。

♠前払退職金のメリットは

前払いの退職金とは、退職時に支払われる退職金を、在職中に毎月の給与や賞与等に上乗せして前払いするもので、会社の支出面からは確定拠出年金や中退共のしくみと同様のものと考えられ、それぞれメリットとデメリットがあります。

まず、メリットとしては、図表92があげられます。

【図表92　前払退職金のメリット】

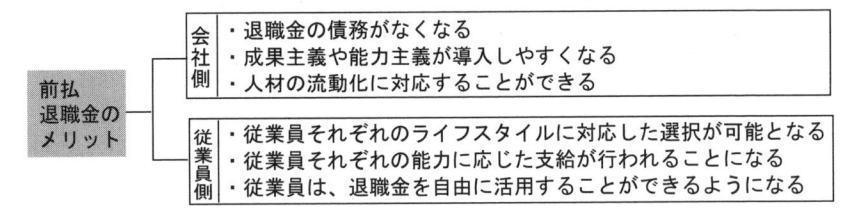

前払退職金のメリット
- 会社側
  - ・退職金の債務がなくなる
  - ・成果主義や能力主義が導入しやすくなる
  - ・人材の流動化に対応することができる
- 従業員側
  - ・従業員それぞれのライフスタイルに対応した選択が可能となる
  - ・従業員それぞれの能力に応じた支給が行われることになる
  - ・従業員は、退職金を自由に活用することができるようになる

♠前払退職金の会社のデメリットは

一方、デメリットは、図表93のとおりです。

【図表93　前払退職金のデメリット】

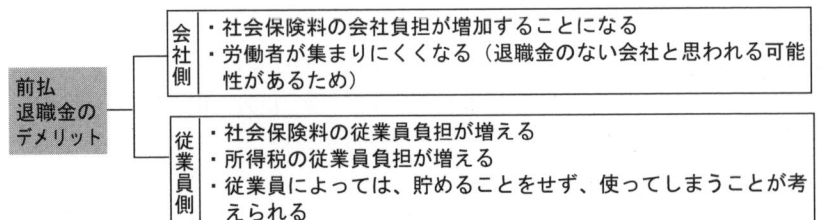

前払退職金のデメリット
- 会社側
  - ・社会保険料の会社負担が増加することになる
  - ・労働者が集まりにくくなる（退職金のない会社と思われる可能性があるため）
- 従業員側
  - ・社会保険料の従業員負担が増える
  - ・所得税の従業員負担が増える
  - ・従業員によっては、貯めることをせず、使ってしまうことが考えられる

♠前払いのしかたは

労働者全員へ一律の支給を行います。つまり、毎月の給与のベースアップ

のような形となります。

　または、例えば図表94のような等級等を設定し、等級ごとの金額を上乗せ支給する方法も考えられます。

【図表94　上乗支給のための等級と金額例】

等級	前払月額
D	3,000円
C	5,000円
B	8,000円
A	12,000円
S	15,000円

♠過去勤務分の退職金は保証

　退職金を廃止して、前払退職金制度を使用者が一方的に導入することはできません。それでも退職金制度を廃止し、退職金の前払いを採用する会社も増えてきています。

　会社にとっては、退職金を前払いしてしまうことにより、従来の年金・退職金制度のような資産運用が計画を下回った場合の心配や対応も不要になりますし、損金として計上できる等のメリットがあります。

　従業員にしてみれば、就職した会社が将来も存続しているとは限らない現代では、確実に支給されるとはいえない心配のある退職金よりは、現在受け取ったほうがよい、という意識もあります。

　いままでの退職金制度を廃止して前払退職金制度へ移行する、といっても退職金がなくなるわけではなく、退職金の支給方法が切り替わるわけですから、過去の勤務分の退職金は保証しなければなりません。

　賃金に上乗せして支給されるものであっても、あくまでも退職金であることに変わりませんので、会社は規定などを設けて、その位置づけを明確にしておく必要があります。

　前払退職金制度により支払われた退職金は、賃金と同様なものとして扱われます。したがって、所得税や住民税、社会保険料等が高くなる可能性が生じますので、この点も考慮する必要があるでしょう。

Q45 退職金は必ず全員に支払う必要があるってホント

Answer Point

♤退職金の制度を設けるかどうかは、法律はまったく関与していないため、会社が自由に決めることできます。つまり、全員に支払う旨の制度を設けた場合には全員に、一部の従業員に支払う旨の制度を設けた場合には一部の従業員にだけ支払えばよいということになります。

♠ 退職金の有無は当事者間で決めることができる

法律上、退職金制度を設けるかどうか、設けたとしてもどのような制度にするのかについては、法律はまったく関与しておらず、当事者が自由に決めることができます。

当事者の自由な取決めにより、図表95のように正社員のみに退職金を支給することが可能です。実際にも、正社員にのみ退職金を支給しているケースが多いのではないでしょうか。

【図表95　正社員のみが対象も可】

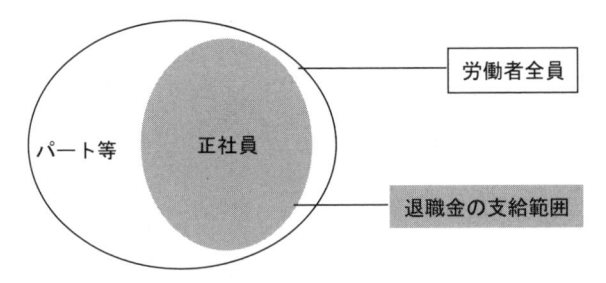

- 労働者全員
- パート等
- 正社員
- 退職金の支給範囲

一定の決まった従業員だけに退職金を支給することは、労働者の国籍や信条、社会的身分、性別による差別でなければ問題ありません。

♠ 定められた対象には支払義務あり

ただし、当事者間あるいは就業規則等で退職金を支払うことを定めた対象者については、全員にきちんと定められた退職金を支払う義務があります。

Q46 退職金はいつまでに支払えばいい

Answer Point

♤通常の賃金は、退職後請求があってから7日以内に支払わない場合、労働基準法第23条の違反となります。しかし、賃金とはいえ、退職金の支払時期については、退職金制度により定めることとなっているため、退職金規定等により決められている支払時期に支払えばよいことになります。

♠賃金は請求後7日以内の支払義務がある

賃金は、通常、退職後に請求があってから7日以内に支払う必要があり、もし支払わない場合には、労働基準法第23条の違反を問われます。

退職金についても、就業規則や労働契約などによってあらかじめ支給条件等が明確なものは、賃金であると捉えられます。つまり、退職金についても労働基準法第23条の適用を受けることになります。

したがって、原則として、使用者は、退職金についても、退職した労働者からの請求があったときから7日以内に退職金の支払いを行わなければならないと理解することができます。

♠退職金は規定等の定めに基づいて支払えばよい

しかし、退職金については、分割払い等が定められたり、また、年金という形で支払うなど、その支払期間が長期にわたる場合も考えられます。このような場合にまで、通常の賃金と同様に退職した労働者の請求があった日から7日以内に支払わなければならないとするのは、実際の状況とあわない面があるのではないかと考えられています。

そこで、退職金の支払時期については、それぞれの就業規則や退職金規定などで明確に定められていれば、その定められた時期、例えば「退職後1か月以内に支払うものとする」などのように規定されている時期に支払うことでOKとなります。

♠支払時期の規定がない場合は7日以内の適用も

もし、就業規則や退職金の規定に退職金の支払時期について明記されていなかった場合にはどうすればよいのでしょうか。

このような場合には、これまでの退職者に退職金をどのような時期に支払ってきたのか、それまでの慣例が形成されていると思われますので、その慣例として形成されてきた時期に支払うことになります。
　では、そのような慣例が形成されていないような場合はどうでしょうか。
　慣例が形成されていないような場合には、就業規則等で支払いが決まっている場合には賃金とされるため、労働基準法第23条で「使用者は、労働者の死亡又は退職の場合において、権利者の請求があった場合においては、7日以内に賃金を支払い、積立金、保証金、貯蓄金その他名称の如何を問わず、労働者の権利に属する金品を返還しなければならない」と定めているため、従業員から退職金の請求があった場合には7日以内に支給しなければならないということになります。

♠支払延期も規定に盛り込めば可能

　労働基準法第89条では、就業規則等において退職金の定めをする場合においては適用される労働者の範囲、退職手当の決定・計算および支払いの方法ならびに退職手当の支払いの時期に関する事項を定めなければならないと定めています。
　したがって、退職金の支払期日は就業規則等にきちんと記載して、そのとおり支払うことが大切です。
　前述の規定例でも「退職後1か月以内に支払うものとする」などの表現を紹介しましたが、この表現は多くの会社で用いられているものの、あまり推奨できません。というのは、例えば退職10日後も1か月以内に含まれるからであり、それらを勘案すれば「退職2か月後」などといった表現のほうがベターだといえます。
　会社の資金状況などを考えれば、「あらかじめ定めた支払期日を延期する場合がある」、あるいは「支払いを分割することがある」などの定めを設けることも可能です。
　ただし、そうした場合は、「○○の場合には○か月延期する」、あるいは「退職の日から何日後に退職金額の2分の1、4か月後に残りの全額を支払う」などと、具体的に記載する必要があるとされています。
　なお、6か月以内であれば有効との判例（久我山病院事件：東京地判昭35・6 13）があります。

Q47 退職金への賃金支払い5原則の適用は

Answer Point

♤退職金は、毎月の賃金と異なることから、賃金支払い5原則のうち、毎月払いの原則と一定期日払いの原則が適用されません。もちろん、それ以外の、通貨払いの原則、直接払いの原則、全額払いの原則は適用されます。

♠賃金支払い5原則というのは

賃金の支払いについては、図表96のような5原則が労働基準法により定められています。

【図表96　賃金支払いの5原則】

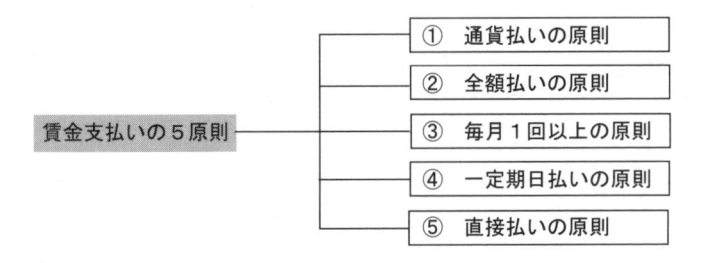

賃金支払いの5原則
- ① 通貨払いの原則
- ② 全額払いの原則
- ③ 毎月1回以上の原則
- ④ 一定期日払いの原則
- ⑤ 直接払いの原則

♠賃金の支払いの原則での注意点は

退職金も就業規則や労働契約などであらかじめ支給の内容等について明確に定められているものは賃金と解されるため、賃金支払いの5原則は適用されることとなります。

しかし、退職金という性質上から、図表96の③毎月払いと④一定期日払いは適用されないこととなっています。それ以外の①通貨払いの原則、②全額払いの原則、⑤直接払いの原則については適用されることになります。

ただし、通貨払いの原則については、金額が通常の賃金とは比べられない大きさの金額になることもあるため、労働者の同意を得た場合には、通貨ではなく、小切手等によることができるとされています。

また、直接払いについては、退職金も含めて、「労働者の意思に基づいていること」「労働者が指定する本人名義の口座に振り込まれること」「振り込まれた賃金の全額が、所定の賃金支払日に払い出しすることができる状況であること」が満たされれば、口座への振込みが可能となっています。現在で

は、賃金も含めて、口座への振込みが通常の取扱いではないかと思います。
　しかし、労働者が直接現金で退職金を支払ってほしいとする場合には、小切手や口座振込みでの支払いは強制できませんので、注意する必要があります。労働協約や労使協定による代替はできないとされているのです。

♠賃金の口座振込みに関する指導は
　口座振込みを行うための必要事項について上記で記載しましたが、さらに賃金の口座振込みが円滑に行われるようにするために、行政から使用者に対し指導が行われています。その詳細を図表97に記載しましたので、参考にしてください。

【図表97　口座振込みに関する指導内容】

・口座振込み等については、労働者の申出または同意により始め、書面には次の事項を記載すること。 　イ　口座振込み等を希望する賃金の範囲およびその金額 　ロ　指定する金融機関店舗名ならびに預金または貯金の種類および口座番号、または指定する金融商品取引業者店舗名ならびに証券総合口座の口座番号 　ハ　開始希望時期
・口座振込み等を行う事業場に労働者の過半数で組織する労働組合がある場合においてはその労働組合と、労働者の過半数で組織する労働組合がない場合においては労働者の過半数を代表する者と、次に掲げる事項を記載した書面による協定を締結すること。 　イ　口座振込み等の対象となる労働者の範囲 　ロ　口座振込み等の対象となる賃金の範囲およびその金額 　ハ　取扱金融機関および取扱金融商品取引業者の範囲 　ニ　口座振込み等の実施開始時期
・使用者は、口座振込み等の対象となっている個々の労働者に対し、所定の賃金支払日に、次に掲げる金額等を記載した賃金の支払いに関する計算書を交付すること。 　イ　基本給、手当その他賃金の種類ごとにその金額 　ロ　源泉徴収税額、労働者が負担すべき社会保険料額等賃金から控除した金額がある場合には、事項ごとにその金額 　ハ　口座振込み等を行った金額
・口座振込み等がされた賃金は、所定の賃金支払日の午前10時頃までに払出しまたは払戻しが可能となっていること。
・取扱金融機関および取扱金融商品取引業者は、金融機関または金融商取引業者の所在状況等からして1行1社に限定せず複数とする等労働者の便宜に十分配慮して定めること。
・使用者は、証券総合口座への賃金払込みを行おうとする場合には、当該証券総合口座への賃金払込みを求める労働者、または証券総合口座を取り扱う金融商品取引業者から投資信託約款および投資約款の写しを得て、当該金融商品取引業者の口座が「MRF」（「マネー・リザーブ・ファンド」）により運用される証券総合口座であることを確認の上、払込みを行うものとすること。 　また、使用者が労働者等から得た当該投資信託約款および投資約款の写しについては、当該払込みの継続する期間中保管すること。

Q48 退職金の減額ができるのはどんなとき

Answer Point

♤ 退職金の減額については、就業規則や退職金規定にその内容が決められていることおよび減額とする事由とその減額の程度が合理的であればできるとされています。

♤ 事由とその減額の程度が合理的であるかどうかは、判例等を総合的に判断する必要があります。

♠ **退職金の減額支給・不支給のケースは**

退職金については、減額支給・不支給を考慮したくなるケースがあります。例えば、図表98のようなケースですが、それぞれの一般的な可・不可については図表98のようになります。

【図表98　退職金減額と不支給の可・不可の例】

懲戒解雇された従業員への退職金の減額・不支給	「懲戒解雇された従業員については、その事由等に応じて退職金を減額する」「懲戒解雇された従業員には退職金を支給しない」などと就業規則等で規定している場合は可能。 その定めがなければ、たとえ懲戒解雇であっても、退職金を全額支給する必要があります。
ライバル会社に就職したことを理由とする退職金の減額・不支給	単にライバル会社に就職したというだけで、退職金を減額・不支給とすることは認められない可能性が高いと考えられます。 「ライバル会社に再就職した場合は、退職金を減額・不支給とする」旨を就業規則等で具体的に規定しておくことが前提となります。 なお、その場合、①労働契約上、競業避止義務が課されていること、②競業を制限する範囲が合理的であること、③その違反が過去の功労を抹消・減殺せしめるほどの重大な背信行為であることなどの条件を満たしていることが必要です。
自己都合退職の場合に定年退職の場合の退職金に比較しての減額	就業規則等に自己都合退職の場合、定年退職の場合のそれぞれの支給額を定めてあれば、問題ありません。
有給休暇の消化状況を理由とした退職金の減額	有給休暇は、法的に労働者の権利として認められており、その消化状況を理由にしての退職金の減額はできません。

法に反する場合は別として、いずれも就業規則等で事前にきちんと定められているかどうかがポイントとなることがわかります。

♠判例の扱いは

退職金の減額・不支給については、図表99のような判例があります。個々のケースについては、、これらを参考にすることが肝要です。

【図表99　退職金減額・不支給の可・不可の判例】

●不支給が認められた判例
　規定のなかで、不支給とする条項がある会社で、退職後に在職中の行為として懲戒解雇に相当する事案が発見された、ということについて、不支給とすることが認められました。
（大阪地判　平17・11・4）

●不支給が認められなかった判例
　規定のなかに不支給とする条項がなく、また、急遽新設したが、これに関して、労働者への周知がなされなかった。
　また、合理的な変更内容とはいえない等の理由で、懲戒解雇事由には該当するが、退職金不支給が認められませんでした。
（大阪地判　平10・5・29）

●懲戒解雇と不支給との関係に触れた判例
　退職金は賃金の後払的性格もあることから、労働者の長年の功労なども打ち消すだけの背信行為があった場合に限られるとものとした判例があります。
　「退職金は、賃金の後払的性格をも帯有していることは否定できないから、たとえ制度規定の具体的適用が、就業規則上使用者の裁量に委ねられているとしても使用者の被懲戒解雇者に対して具体的適用は労働基準法の諸規定やその精神に反せず、社会通念上の許容する合理的な範囲においてされるべきものと考える。この見地からすると、退職金の全額を失わせるに足りる懲戒解雇の事由とは、労働者の永年の勤続の功を抹消してしまうほど不信があったことを要し、労働基準法第20条ただし書の即時解雇の事由より更に厳格に解すべきである」としています。
（大阪高判　昭59・11・29）

♠退職金の減額（労働条件の引下げ）合理性の判断ポイントは

労働者へ支払う退職金を不支給にしたりまたは減額したりするには、懲戒解雇等の対象となった労働者の違法性の程度と減額の程度、または不支給の程度が合理的かどうかが判断されることになります。

就業規則を不利益に変更する場合には、労働者との合意が原則となっています。しかし、平成20年3月1日より施行された労働契約法において、「就業規則の変更による労働条件変更」のルールが新たに定められました。これによると、合意なく変更する場合には、変更後の就業規則を労働者へ周知すること、就業規則の変更が合理的なもので必要があることとしています。

この合理的かどうかの判断要素としては、図表100の4点が示されています。

また、この合理性判断の要素と判例との関係については、これまでの確立した判例法理に沿ってのものであるとされており、これまでの考え方に変更

を加えるものではないとしています。

【図表100　合理的かどうかの判断要素】

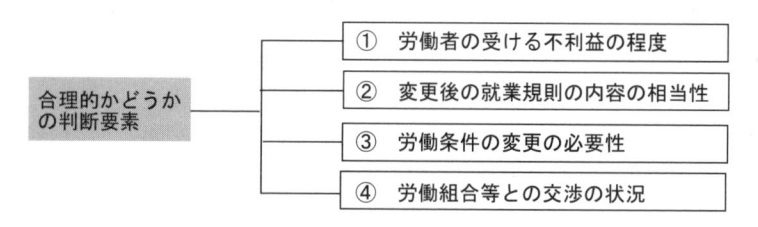

合理的かどうかの判断要素
- ① 労働者の受ける不利益の程度
- ② 変更後の就業規則の内容の相当性
- ③ 労働条件の変更の必要性
- ④ 労働組合等との交渉の状況

　つまり、個別の事案については、合理性の判断要素に該当する事実を含めて、変更の諸事情を総合的に考慮して判断されることになりますので、これまでの裁判例を参考に検討する必要があると考えます。

♠合理的な理由とされた例

　退職金制度は、会社が独自に導入しているもので、法律で義務づけられたものではありませんが、会社の都合で一方的に退職金の額を引き下げたり、退職金制度を廃止したりすることはできません。

　ただし、このような不利益変更も合理的な理由があれば変更できることは前述したとおりです。

　合理的な理由として認められたものに、次のような判例があります。

　これは、業績悪化により経営危機に陥った会社が、会社の経営再建に必要であるとして、退職金規定を改定し退職金を一律50％カットするとしたことに対して、従業員は退職金を半減するとの退職金規定が無効であることの確認と、改定の退職金規定により計算した退職金と現実に支払われた退職金との差額の支払いを求めて争った事例です。

　この裁判で東京地裁は、「退職金の大幅削減は、倒産回避という切迫した事情のもとで行われたもので、倒産した場合に従業員が受け取れる配当との比較、職を失うおそれなどを考慮すると、法規範性を是認し得るに足る合理性を有する」とし、労働者の被る不利益の程度は高いが、当該不利益変更は合理的であると判断しています（東京高裁判決　平20．2．13　日刊工業新聞社事件）。

Q49 退職金規定なしで続けてきた退職金支給は今後どうすればいい

Answer Point

♤退職金に関する規定が就業規則などにない場合でも、これまでの退職者に一定の基準で退職金を支払ってきたという慣習があれば、その慣習に従った退職金の支給が必要となります。

♠慣習的な退職金支給は継続の要あり

退職金に関する規定が就業規則などにない場合でも、これまでの退職者に一定の基準で退職金を支払ってきたという慣習があれば、その慣習に従った退職金の支給が必要となります。

♠規定がないときの退職金支給の判例は

退職金の規定がない場合における退職金の支給については、図表101のような判例があります。

【図表101　退職金の規定がない場合の判例】

●宍戸商会事件
「本件につき、検討すると、被告会社において退職金規定が存在していたと認めるに足る証拠はない。しかし、過去何回となく被告会社は退職金を支払っていた事実がある。
これから判断すれば、被告会社には、退職者の退職時の基本給プラス諸手当に勤続年数を乗じた額の退職金を支給する慣行が成立していたといわなければならない。
したがって、被告会社は原告に対して退職金を支払う義務がある」とした判例。
（東京地判　昭48・2・27）

●日本段ボール事件
「右事実によると被告会社には明文の退職金規定は存在していなかったが、右認定した基準に基づく退職金算出方法で算定した退職金が支払われており、右基準による退職金の支給は被告会社において確立した慣行になっていたことが認められるから、右慣行は被告会社と原告らとの雇用契約の内容となっていたと認めるのが相当である」とした判例。
（東京地判　昭51・12・22）

慣行として退職金が支払われてきた事実がなければ、法律上の支払義務がないと考えられ、退職金を支給する必要はありません。

しかし、図表101の判例のように実態はどうかがポイントとなり、慣例としてある基準等に基づいて退職金の支給されている場合には同様に支払う必要があります。

Q50 正社員にはある退職金制度がパートにはないときの問題点は

Answer Point

♠ パートに退職金制度がないこと自体に問題はありませんが、もし、正社員には退職金制度があって、パートにはないということが就業規則などに明確に明記されていない場合が問題となります。

♠ パートに退職金制度がないこと自体には問題なし

Q45でも触れましたが、正社員にはある退職金制度がパートにはなかったとしても、まったく問題はありません。むしろ、正社員には退職金制度があるが、パートにはないということが就業規則等に明記されていない場合が問題となります。

♠ 昔のままの就業規則には問題点あり

パートなどで働く労働者がほとんどなく、正社員と呼ばれる労働者がほとんどだった時代に作成された就業規則は、正社員のみを前提として考えていたこと等から、パート労働者に退職金がないのは当たり前と考えて作成されていました。

そのため、「退職金の支給対象を正社員とする」と明記しないまま、「勤続年数に応じて支給する」との規定で運用しているのをみかけます。

この場合、契約社員やパート労働者に支給しないという規定内容がないことから、長く勤務した契約社員やパート労働者から正社員と同様に退職金の支払いを求められ、トラブルになるケースがあります。

♠ 就業規則に退職金の適用範囲を明記する

退職金の支給に関して、トラブルにならないように、誰に対して退職金を支給するのかを規則として明確にする必要があるでしょう。

また、退職金を支給する場合には、具体的金額や計算方法、支給方法、支給時期、そして何年以上の勤続勤務に対して支給するのか、契約社員や臨時社員、パート労働者、アルバイト等にも支給するのかどうかの範囲について、明記しておくことが必要です。

現在は、さまざまな雇用形態がありますので、どれにも対応できるように

しておくことが望まれます。

♠パート労働者への通知等は
　パートタイム労働法では、パートタイム労働者を雇い入れた場合には、退職手当の支給の有無についても、文書などで交付することが求められています。
　したがって、雇入れ時の通知および就業規則での明確な表示で、パートには退職金制度がないことを明示して、事業主と労働者の双方で行き違いのないようにしていくことが必要でしょう。

♠今後はパート等の退職金の検討も
　図表102の東京都の企業の従業員構成をみると非正社員が25.7％となっていますが、全国規模でみると非正社員の割合が3割を超えているとのデータもあります。

【図表102　従業員構成】

（　）内は構成比：％、〈　〉内は男女比：％

総計			正社員計			役付者			一般労働者（正社員）		
総計	男	女	小計	男	女	計	男	女	計	男	女
54,288	35,777	35,777	37,108	27,904	9,204	13,524	12,087	1,437	23,584	15,817	7,767
(100.0)	(65.9)	(34.1)	(68.4)	(51.4)	(17.0)	(24.9)	(22.3)	(2.6)	(43.4)	(29.1)	(14.3)
			〈100.0〉	〈75.2〉	〈24.8〉	〈100.0〉	〈89.4〉	〈10.6〉	〈100.0〉	〈67.1〉	〈32.9〉

非正社員計			契約社員等			パート・アルバイト			嘱託・再雇用・その他		
小計	男	女	計	男	女	計	男	女	計	男	女
13,942	6,602	7,340	3,416	1,845	1,571	8,053	2,895	5,158	2,473	1,862	611
(25.7)	(12.2)	(13.5)	(6.3)	(3.4)	(2.9)	(14.8)	(5.3)	(9.5)	(4.5)	(3.4)	(1.1)
〈100.0〉	〈47.4〉	〈52.6〉	〈100.0〉	〈54.0〉	〈46.0〉	〈100.0〉	〈35.9〉	〈64.1〉	〈100.0〉	〈75.3〉	〈24.7〉

直雇用以外の労働者計			派遣労働者			業務委託労働者		
小計	男	女	計	男	女	計	男	女
3,238	1,271	1,967	2,155	509	1,646	1,083	762	321
(6.0)	(2.3)	(3.6)	(4.0)	(0.9)	(3.0)	(2.1)	(1.4)	(0.6)
〈100.0〉	〈39.3〉	〈60.7〉	〈100.0〉	〈23.6〉	〈76.4〉	〈100.0〉	〈70.4〉	〈29.6〉

（出所：東京都労働相談情報センター「中小企業の賃金・退職金事情　平成20年版」）

　このように非正社員の割合が3割を超えるようになってくると、会社にとっても非正社員は重要な存在であり、今後は正社員と同じような待遇、例えば退職金制度の導入・検討が必要になってくると思われます。

Q51 社長の査定で支給できる退職金制度の設計は

Answer Point
♤保険商品を活用した形で退職金を準備する方法が考えられます。
♤これは、いったん会社が受け取って活用することが可能です。

♠養老保険の活用

企業が契約者となり、従業員が被保険者となる養老保険の活用が考えられます。

例えば、保障期間60歳まで、死亡保障額800万円といった内容の契約をした場合には、保障期間内にもし被保険者である従業員が死亡すれば、死亡保険金として、800万円が支払われることになります。また、保障期間内に死亡が発生しなければ、60歳になったときに満期を迎え、満期保険金として800万円が支払われることとなります。

このように養老保険は、将来の退職金の資金と従業員の死亡保障という2つの目的を同時に達成することができます。

♠保険金の支払先は

保険金の支払いは、保障期間内に従業員が死亡した場合には、死亡した従業員の遺族が保険金受取人となり、保険会社から直接遺族に支払われることになります。

満期保険金および途中解約した場合の解約返戻金は、保険会社より会社へ支払われることになり、その権利は会社に属します。

♠活用のポイントは

上記で保険金の支払先を示したように、満期になった場合や途中で解約した場合には、その保険金が会社に支払われ、また、その権利は会社に属することになります。この制度を上手く活用すれば、1度会社が受け取る退職金制度として、設計・運用することができます。

この保険商品を活用した退職金準備は、公的な退職金積立制度として設けられたものではありませんが、会社が1度受け取りたい・会社が査定してから退職金を分配したいと思われる場合には、非常に使い勝手のよいものではないかと思われます。

Q52 一時解雇者を再雇用したときの勤務期間の通算は

Answer Point

♤一時解雇者を再雇用した場合の勤務期間は、一時解雇時に退職金の支払いを行っていれば通算する必要はありません。

♤ただし、一時解雇を行って再雇用をするという場合には、種々の形態が考えられますので、その状況にあわせた対応が必要となるでしょう。

♠一時解雇時に退職金を支払ったかどうかで決まる

　一時解雇者を再雇用した場合の勤務期間の通算は、一時解雇時に退職金の支払いを行っていたかどうかが問題となります。

　図表103のように、一時解雇時に退職金の支給を行っていれば、勤務期間を再雇用時から改めてカウントし、退職金の支払いを行っていない場合には、勤務期間を通算する必要があると思われます。

【図表103　一時解雇者を再雇用した場合の勤務期間の通算】

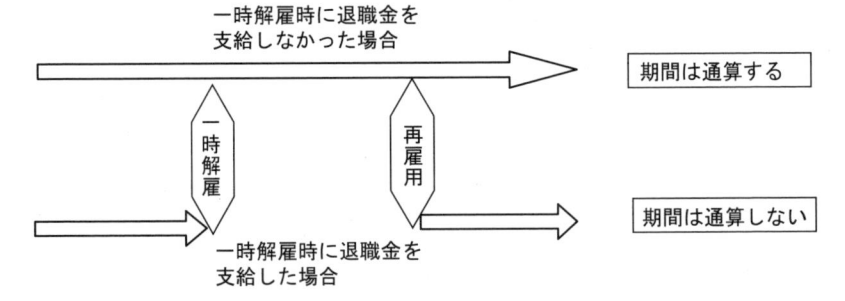

一時解雇時に退職金を支給しなかった場合 → 期間は通算する

一時解雇 → 再雇用

一時解雇時に退職金を支給した場合 → 期間は通算しない

♠再雇用時の勤務形態による対応が必要

　ただし、一時解雇を行って再雇用をするという場合には、種々の形態が考えられますので、その状況にあわせた対応が必要となるでしょう。

　例えば、退職金支給の対象であった者が一時解雇されるような場合、再雇用されるときも同じ身分であれば、勤務期間の通算について問題は生じませんが、退職金支給の対象でない身分で再雇用される可能性がある場合には、一時解雇時の退職金の支給も含め、会社としての対応を考えておく必要があるかもしれません。

Q53 退職金にかかる税金は

Answer Point

♤退職金にかかる税金は、退職金から退職所得控除を引いた金額の2分1に税率を乗じて算出します。

♠退職金の税金は

退職金には、所得税と住民税がかかります。それぞれの算式は、図表104のとおりです。

【図表104　退職金の税額計算式】

- 退職金の所得税＝退職所得金額（退職金支給額－退職所得控除）×$\frac{1}{2}$（※1）×税率（※2）

    ※1：1,000円未満の端数は切捨て。
    ※2：100円未満の端数は切捨て。

- 退職金の住民税＝退職所得金額（退職金支給額－退職所得控除）×$\frac{1}{2}$×税率（10％）×90％

    ※10％の税率の内訳は、市町村民税が6％、都道府県民税が4％。
    なお、当分の間、10％に相当する金額が控除されることとなっているため、90％を乗じることとなります。
    また、100円未満の端数は切捨てとなっています。

♠退職金の所得控除とは

退職金の所得控除、すなわち図表104の算式の退職所得控除は、勤続年数に応じて図表105のように定められています。

【図表105　退職所得控除額】

勤続年数	退職所得控除額
20年超	800万円＋70万円×（勤続年数－20年）
20年以下	40万円×勤続年数（80万円に満たない場合は、80万円）

注：勤続年数に端数が生じた場合には、繰り上げて1年となります。

♠退職所得の税金は

退職金にかかる所得税は、実務上は図表106の速算表（平成19年以降対象）を用いて求めます。

【図表106　退職所得の税率の速算表】

課税対象額	税率	控除額
195万円以下	5%	—
195万円超～　330万円以下	10%	97,500円
330万円超～　695万円以下	20%	427,500円
695万円超～　900万円以下	23%	636,000円
900万円超～1,800万円以下	33%	1,536,000円
1,800万円超	40%	2,796,000円

♠計算例は

2つのケースについて計算してみると、図表107のようになります。

【図表107　税金の計算例】

① 20年間勤務し、退職金が900万円の場合
・退職所得控除額＝40万円×20年（勤続年数）＝800万円
・課税対象額＝（900万円－800万円）×2分の1＝50万円
・所得税額＝50万円×5％＝25,000円
・住民税額＝45,000円
　・都道府県民税＝50万円×4％×90％＝18,000円
　・市町村民税＝50万円×6％×90％＝27,000円

② 39年6か月間勤務し、退職金が4,000万円の場合
・退職所得控除額＝800万円＋70万円×（40年－20年）＝2,200万円
・課税対象額＝（4,000万円－2,200万円）×2分1＝900万円
・所得税額＝900万円×23％－636,000円＝1,434,000円
・住民税額＝810,000円
　・都道府県民税＝900万円×4％×90％＝324,000円
　・市町村民税＝900万円×6％×90％＝486,000円

♠退職所得控除額についての注意点は

退職所得控除額については、次のような注意点があります。

(1)　障害者になったことが直接の原因で退職した場合の退職所得控除額は、図表105の方法により計算した額に、100万円を加えた金額となります。
(2)　前年以前に退職所得を受け取ったり、同一年中に2か所以上から退職金を受け取ったときなどは、控除額の計算が異なることがあります。

なお、退職金の所得控除には、退職所得の受給に関する申告書が必要となります。退職所得の受給に関する申告書がない場合、書かなかった場合は、退職金の収入金額から一律に20％の所得税が源泉徴収されますので、退職金を受け取った人は確定申告を行う必要があります。

Q54 退職金を支給する退職者と連絡が取れなくなったときは

Answer Point

♤ 退職金は、賃金です。賃金は、本人以外には支払えません。使者には支払ってもよいことになっていますが、本人が行方不明ということであれば、使者として認めるわけにはいかないでしょう。

♤ 最も無難なのは、口座振込みか退職金を法務局などに供託する方法だと考えられます。

♠ 退職金は本人かその使者へ支払うのが原則

退職金は、賃金です。賃金は、本人に直接支払うことが労働基準法で義務づけられています。ただし、例外として、使者に支払うことは差支えないとされています。

したがって、本人でなくとも、使者として認められる相手であれば支払うことができます。しかし、本人が行方不明の場合は、たとえそれが配偶者であっても本人の使者として認めることは難しく、支払うことはできないと考えられます。

♠ 口座振込みか法務局等への供託が無難

もっとも、最近は、毎月の給与等も含めて賃金は、銀行口座への振込みが一般的になっています。もし、銀行口座への振込制度をとっている場合は、その口座へ退職金を振り込めば、振り込んだ時点で賃金の支払いは完了したことになりますから問題は生じないでしょう。

しかし、振込制度をとっていない場合は、どうすればよいのでしょうか。この場合は、次の2つの方法が考えられます。

1つは、事業場に保管しておく方法です。賃金は、事業場において支払うのが一般的な慣行でしょうから、退職金を用意して労働者が受け取りにくるのを待つわけです。これなら賃金不払いにはならないと思われます。

もう1つは、法務局等へ退職金を供託する方法です。退職金を法的に供託所に保管してもらい、後日、本人が受け取れるようになったときに法務局等から受領してもらうわけです。供託すれば、会社は退職金を本人に支払ったものとみなされます。

Q55 経営者・役員の退職金の考え方は

Answer Point

◇役員の退職慰労金は、損金算入が認められない場合がありますので、あらかじめ適正額の算定を行い、支給の根拠を明確にするために、役員退職慰労金規定を作成することが必要と考えられます。

◇さらに重要なのは、役員退職金の資金をどんな方法で準備するかです。最も多いのは、生命保険の活用だとされています。

♠経営者・役員の退職金に対する基本的な考え方は

近年、大企業を中心に役員退職金の見直しや廃止が増えています。その多くは、従来の退職金に代えて、業績に応じて報酬額が変動する業績連動型報酬を導入しています。従業員の退職金と同じような流れが見受けられるわけであり、中小企業の役員退職金についても、これからはそうした視点からの検討がぜひとも必要であることを示唆しているということができると思われます。

♠役員退職金を準備の方法は

経営者や役員の退職金を準備する方法は種々ありますが、主に図表108のものがあげられます。

【図表108　役員退職金の主要な準備方法】

```
                        ┌─ ・現金や預貯金による準備
                        ├─ ・株式や投資信託などの有価証券の譲渡による準備
役員退職金の準備方法 ─┤
                        ├─ ・所有不動産の譲渡、借入金による準備
                        └─ ・生命保険による準備
```

♠保険の活用とその最大のメリットは

一般的に多く利用されるのは、生命保険による準備です。

保険活用によって経営者や役員の退職金準備をする大きなメリットは、やはり税制上のメリットだと考えられます。この税制上のメリットは、役員退職金準備のために支払う保険料が、損金として認められるということです。つまり、節税になるとともに、役員退職金を貯めていくことができるのです。

損金算入が可能となるものを活用した場合には、損金算入という税制上のメリットを受けるだけでなく、積み立てることが可能となります。また、解約返戻金を受け取った場合でも、退職金の支払いが発生する関係で、収益として計上されたものが相殺されるということになり、結果として課税されるということにはなりません。

♠解約返戻金の活用も考えられる

生命保険は、通常、亡くなったときに保険金が支払われるわけですが、経営者や役員の退職金には、解約したときにお金がたくさん戻ってくる保険を活用します。

例えば65歳で役員を退職する予定である場合には、65歳のときに解約返戻金が最も高いような保険に加入するのが一般的です。

保険による積立を行っている途中で、会社の設備資金や運転資金等が必要となった場合には、積み立てた保険を解約することにより活用することも可能となります。

♠準備すべき役員退職金の額は

役員退職金は、通常、図表109のように計算するのが一般的です。

【図表109　役員退職金の計算方法】

・役員退職金＝最終報酬月額×役員在任年数×功績倍率

功績倍率の例

会長	社長	専務	常務	取締役	監査役
2.7	3.0	2.5	2.2	2.0	2.0

この算式によって算出された額が必要とされる役員退職金額というわけですから、その金額を準備することのできる生命保険なりを設計することとなります。

♠役員退職金を準備しない場合の問題は

オーナー役員等の場合には、退職するというイメージがわかないためか、退職金の準備をしていないケースが見受けられます。そのため、退職にあたって多額の退職金が必要となり、困るケースが考えられますので、計画的な退職金の準備が必要です。

Q56 中小企業の退職金設計のポイントは

Answer Point
♤ 中小企業の定年退職金の水準は、800万円～1,500万円程度が主流です。
♤ 定年退職金は、一定の勤続年数で頭打ちになる設計をしましょう。
♤ 勤続年数がいくら長くても、自己都合退職金は定年退職金と差をつけておきましょう。
♤ 自己都合退職ではなく、中途退職と定年退職の2つの区分にしましょう。

♠定年退職金の支給水準は

中小企業の退職金設計にあたり企業が最も興味をもつのは、定年退職の退職金の水準だと思います。退職金の統計資料はいくつもありますが、多くの退職金制度コンサルティングを行って感じる金額より、統計資料は高めの数字になっているようです。

実際に退職金制度のコンサルティングを行っていると、企業がイメージする中小企業の定年退職金の水準は、業種により若干異なりますが、おおむね800万円～1,500万円の範囲に収まります。

イメージがよいからでしょうか、定年退職金の最高額は1,000万円を確保したいという企業も多いようです。

♠定年退職金の支給カーブ

中小企業では、新卒採用より中途採用が多いこともあり、プロパーの意味合いが大企業とは少し異なります。中小企業では、20歳代の前半で入社した従業員は、ほぼ新卒と変わらないと考えているようです。

定年退職金の支給カーブを決定するときに、これまでの退職金制度では勤続年数の上昇とともに支給率や支給額が青天井に上昇することも多くみられました。しかし、定年延長の流れはこれからも強まると予想され、最長の勤続年数は次第に延びていきます。

20代の前半から60歳までであれば、勤続35年程度になります。中小企業の退職金制度では、勤続32年～35年程度で退職金額が頭打ちになる制度設計で十分です。

♠ **自己都合退職と定年退職の差**

　これまでの中小企業の退職金制度は、勤続年数が長くなると自己都合退職金と定年退職金が同額となる制度がほとんどです。

　退職金制度には、長期勤続、それも定年まで勤務してくれたことに対する報償の要素があることは否めません。特に中小企業ではこの意味合いが強いように感じます。

　定年までの報償を考慮するならば、自己都合退職は勤続が何年であれ、定年退職とは格差をつけるべきです。もちろん企業によっては新陳代謝を図りたいという趣旨で、一定年齢、例えば57歳以上は定年扱いとする規定を設けることはやぶさかではありません。

　しかし、退職金規定は全従業員に対して一律に運用しますので、優秀で定年まで残って欲しい人材がこの年齢で退職を申し出てしまうことも考えられます。

　むしろ、希望退職の募集などの手法をとらざるを得ないときに定年退職金にかさ上げできるように、定年退職と自己都合退職は最後まで格差をつけるほうが望ましいと思います。

　通常、退職金は、「基本給×支給率×退職理由係数」で計算されます。

　この退職理由係数は、定年退職と会社都合退職の場合は100％ですが、自己都合退職の場合は勤続年数に応じて図表110のように定められます。

【図表110　中小企業の退職金・退職理由係数例】

勤続年数	退職理由係数	勤続年数	退職理由係数	勤続年数	退職理由係数	勤続年数	退職理由係数
1年	0.00%	11年	40.75%	21年	63.25%	31年	85.75%
2年	0.00%	12年	43.00%	22年	65.50%	32年	88.00%
3年	0.00%	13年	45.25%	23年	67.75%	33年以上	90.00%
4年	25.00%	14年	47.50%	24年	70.00%		
5年	27.25%	15年	49.75%	25年	72.25%		
6年	29.50%	16年	52.00%	26年	74.50%		
7年	31.75%	17年	54.25%	27年	76.75%		
8年	34.00%	18年	56.50%	28年	79.00%		
9年	36.25%	19年	58.75%	29年	81.25%		
10年	38.50%	20年	61.00%	30年	83.50%		

　制度設計では、自己都合退職金の比率のピッチを一定にすると、図表111のように定年退職金の支給カーブが直線でも、自己都合退職金の支給カーブ

は凹型を描くので参考にしてください。

【図表111　中小企業の退職金支給カーブ例】

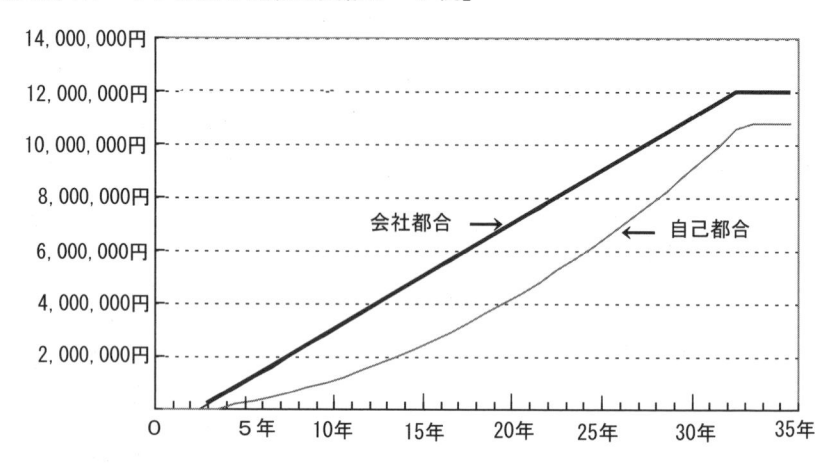

(グラフ：縦軸 0～14,000,000円、横軸 0～35年。会社都合は直線的に増加し約32年で12,000,000円に到達。自己都合は凹型カーブを描き約32年で約10,700,000円に到達)

◆中途退職の定義のしかたは

　中小企業の退職金規定では、会社都合の退職は定年と同額としている規定をよく見かけます。本当にこれでよいのでしょうか。

　ほとんどの企業では、「不祥事があったときの懲戒解雇や諭旨退職のときには、退職金を不支給や減額措置にできる規定を設けているから大丈夫」と答えます。

　しかし、現実の運用としては、何か不祥事が起こったときに、懲戒処分としての懲戒解雇や諭旨退職処分をする例は思ったより少ないです。

　実際に不祥事があったときは、労働基準監督署の認定を受けて行う懲戒解雇はきわめてハードルが高いため、退職勧奨や普通解雇とすることがほとんどです。

　本人と話し合った結果、自己都合退職とする場合は、退職金も自己都合退職金しか出ないので問題は起こっていません。

　しかし、退職勧奨や普通解雇とすると、これは会社都合の退職になってしまいます。不祥事を起こしていて、退職金が自己都合退職より多いというのはどう考えても不合理ですが、規定に沿って運用するとこのような事態が起こってしまいます。

　中小企業の退職金規定では、定年退職と中途退職の2種類のみとして、中途退職でも事情により定年退職と同等額まで加算することがある規定を設けるほうが実際の運用にあっています。

Q57 基本給連動型ってなに・問題になるのはなぜ

Answer Point

♣基本給連動型の退職金制度は、退職時の基礎給、勤続年数ごとの支給率、退職理由係数の3つを乗じて退職金を計算します。

♠終身雇用や基本給に対する考え方の変化により、次第に運用が難しくなっています。

♠賃金制度と退職金制度が一体となっているため、知らぬ間に退職金が増えるなどの弊害が出ています。

♠基本給連動型の退職金制度の考え方は

基本給連動型の退職金制度はこれまで最も多く取り入れられている退職金制度です。基礎給に勤続年数ごとの支給率と退職理由により決定した率（退職理由係数）を乗じて計算します。

退職金＝基礎給×勤続年数ごとの支給率×退職理由係数

基礎給は、退職時の基本給を用いることが一般的ですが、基本給と役職手当の合計額を基礎給とする場合もあります。役職手当を加算するのは、役職による企業への貢献を退職金にも反映させようという成果主義的な要素を加味する場合に用いられます。

♠基本給連動型は年功的

一般的には、基本的は年功的な要素が強く、またそれに勤続年数ごとの支給率を乗じますので、基本給連動型の退職金制度は長期勤続者が優遇される制度です。その分、中途入社の従業員は支給率が抑えられますので、退職金が少なくなります。

終身雇用が原則であり、賃金も退職金も年功序列を重視した時代にはそれでもよかったかもしれません。しかし、雇用形態が流動化した現代ではそぐわない面も出てきています。

例えば、管理職として期待されて特別に中途入社した従業員が大きな成果を上げたとしましょう。しかし、この人の退職金は定年までの勤続年数が短いため少額になります。特にS字カーブを描く支給率を設定している企業で

は、勤続年数が２倍になると支給率はそれ以上の差がつきます。管理職だからといって、基本給が２倍以上になることはあまりありません。

♠退職時の基礎給で計算することの問題点は

　基本給連動型は、退職時点でのピンポイントの基本給で退職金を計算します。一般的な賃金制度では、基本給は同一年齢、同一勤続年数ではあまり差がつきません。

　したがって、退職時の基本給をベースにすると、在職中の貢献度があまり退職金に反映されないことになります。例えば、若いうちから企業に対する貢献度が高く、常に高い役職や等級にあった人と、退職間際にその役職や等級に追いついた人の基本給が同額であれば、退職金も同額となります。

　最近では、人事考課で基本給が上下する賃金制度を導入することも珍しくなくなっています。あるいは、昨今の定年延長の流れから、定年間際の数年で基本給が減少することもあります。基本給が減少すると、前年度中に退職していたときより、今年退職するほうが受け取る退職金が少ないという弊害も起こります。

　また、一部の従業員に年俸制を導入する場合にも問題があります。通常、年俸制の月例給与と月給制の基本給はその意味合いや水準が異なります。

　例えば、年俸制の従業員が年俸を12等分で受け取っている場合は、月給者の賞与相当額も月例給与に含まれるので、月例給与が月給者の基本給より相対的に高くなります。あるいは、年俸制になると月給者の諸手当が年俸に含まれ、同じように月給者の基本給より相対的に高額になります。

　年俸制導入時に、退職金計算時の基本給の取扱いをきちんと決めていればよかったですが、退職金規定をそのままにしていたため、退職時に賞与や諸手当を含めた月例給与で計算した退職金を支払わざるを得なくなったケースも起きています。

　このように基本給の役割の変化により、基本給連動型の退職金制度は、その制度の存在意義が問われています。

♠基本給のベースアップにより退職金も増える

　基本給連動型の退職金制度では、ベースアップや賃金制度の変更により、全体の基本給が上昇すると、退職金の支給水準も連動して上昇します。

　例えば、従業員数100人の企業で１万円のベースアップがあったとしましょう。この企業の平均支給率が15.0、平均支給係数が50％だとすると、

10,000円×15.0×50%×100人＝7,500,000円

がベースアップの時点で企業全体の退職金の要支給額として跳ね上がることになります。

さらに、在職中にこれと同じベースアップが5回あったとしましょう。すると、定年時の支給率が30.0だとすると、

10,000円×5回×30.0＝1,500,000円

が定年退職者1人の退職金の上昇額となります。

基本給連動型の退職金制度は、規定には支給率しか記載されておらず、実際に支給する退職金額が一目ではわかりません。

そのため、勤続年数が長いプロパーの従業員が定年退職を迎えたときに、はじめて企業が思ってもいなかった退職金額になっていたことを知って驚くこともあります。

♠基本給の上昇が退職金制度にあまり影響しないようにするには

基本給の上昇による退職金への影響を抑えるために、基本給を第1と第2の2つに分けて第1基本給を退職金の基礎給にしたり、基本給に8割など定率を乗じて基礎給とする場合もあります。

しかし、これらの方法は、退職金制度や賃金制度を複雑にするだけです。また、従業員に対しても説明がつきにくい制度となるので、退職金の抑制のためにわざわざ行うのはおすすめしません。

このような手段をとらなくても、基本給連動型はその後に支給率を乗じるのですから、支給率自体を思い切って見直してしまえば済むことです。例えば、基本給を2つに分けているのでしたら、その比率を支給率に乗じて新たな支給率にした退職金規定に改定すれば、基本給を1つに戻すことができます。

この場合、規定上の支給率は下がることになりますが、支給水準は変わりません。説明を尽くせば、従業員もきちんと理解できるはずです。

基本給連動型の退職金制度の主要問題点をまとめると、図表112のようになります。

【図表112 基本給連動型の退職金制度の問題点】

基本給連動型退職金制度の主要問題点
① 勤続年数が短くなる中途採用者の退職金が抑制される。
② 退職時点だけの基本給で決定するのが難しくなっている。
③ 基本給の上昇が退職金の思わぬ増加をもたらすことがある。

Q58 基本給非連動型の退職金ってどういう退職金のこと

Answer Point
- 基本給非連動型の退職金制度は3種類あります。
- 非連動型の退職金制度は、賃金制度の変化の影響を受けません。
- それぞれの制度でメリット、デメリットがありますが、企業の考え方に応じて設計方法をアレンジすることができます。

♠定額制退職金というのは

定額制退職金は、退職理由と勤続年数ごとに定めた一定額を支給する方法です。企業に対する貢献はこれまでの給与や賞与で反映されており、退職金は勤続したことに対する報酬なので差はつけないという考えを重視する場合に用いられます。

> 定額制退職金＝勤続年数ごとの一定額×退職理由係数

非常にわかりやすく、シンプルな制度設計なので、退職金に対する企業の考え方とマッチすれば、中小企業では有効な方式です。中途退職者の支給額が抑えられてしまう点は否めませんが、そもそもこの制度を導入する企業は長期勤続への報償を重視して退職金を決定しようとしているのですから、会社の退職金に対するポリシーが明確です。

全員一律ではなく多少差をつけたいという場合には、最終評価による加算や役職による加算を付加することもあります。

♠別テーブル方式というのは

別テーブル方式の退職金は、基本給などの賃金に影響する項目とは別に退職金のための基礎給を設ける方法です。基礎給は、通常、①役職や資格により一定額を定める、②基本給のテーブルと同じテーブルで金額だけを基礎給に置き換えたテーブルを設定する、の2通りの方法があります。

基本給連動型の基礎給を別テーブルにするだけですので、基礎給に勤続年数ごとの支給率と退職理由係数を乗じる計算方法は一緒です。

> 別テーブル方式退職金＝基礎給×勤続年数ごとの支給率×退職理由係数

この方法では、たとえ基本給のベースアップがあったとしても、退職金制

度には影響しません。基礎給の見直しを行わない限り、退職金額に変わりがないからです。したがって、基本給連動型と違い、賃金制度と退職金制度はまったく別のものとして考えることができます。

　この制度は、テーブルの考え方1つで成果主義の要素の強弱をつけることができます。反面、賃金制度のほかにもう1つテーブルをもつことになりますので、複雑な制度をつくると、制度の維持や管理、従業員の退職金に対する理解度といった点で難しくなります。

　また、役職だけで基礎給を決定するシンプルな制度にすると、純粋な定額制よりは会社に対する貢献が反映されます。しかし、基本給連動型以上に最終役職だけで判断し、それまでの経緯、役職の在任年数はまったく無視してよいのかという問題があります。

♠ポイント制退職金というのは

　ポイント制退職金は、成果主義の到来とともに導入されてきた制度です。この制度はその導入の背景から成果主義の権化のように思われていますが、決してそんなことはありません。企業の退職金に対する考え方をそのまま取り入れられる非常に柔軟性をもった制度です。

　ポイント制退職金は、毎年あるいは毎月、従業員に一定の基準で決めたポイントを付与していき、退職時にそのポイントと支給率、ポイント単価を乗じて退職金を決定します。

ポイント制退職金＝退職金ポイント（勤続ポイント＋貢献ポイント）
　　　　　　　　×ポイント単価×退職理由係数

　付与するポイントは、勤続による勤続ポイントと職能等級や役職などの会社に対する貢献に応じた貢献ポイントの合計となります。

　ポイントは、毎年積み重なっていくので、同じ貢献度ならば長期勤続者の退職金が多くなります。また、支給カーブも直線に近くなるので、年功序列型退職金であるともいえます。

　ポイント制退職金は、基本給などの賃金制度の設計とはまったく別の計算方式なので、賃金制度の変更に影響されることはなく、また賃金制度が変更になったときも対処しやすい制度です。

　例えば、職能等級や役職制度が変更になった場合も、職能ポイントや役職ポイントを変更後の職能等級や役職に応じて見直すことで対処できます。また、将来成果主義をさらに強める退職金制度に変更したい場合でも、職能ポ

イントの比率を上げ、勤続ポイントの比率を下げれば設計を変更できます。もちろん、成果主義を弱めることも可能です。

　これらの変更を行うときは、それまでの制度で付与されている累計ポイントに制度変更後の新たなポイントを加算していきますので、変更前のポイントがそのまま活かされ、複雑な経過措置を設ける必要がありません。

　退職金の水準全体の見直しをする場合は、ポイント単価を上下することで調整できます。これは、賃金制度のベースアップと同じ意味をもちます。

　ただし、企業は従来の制度のように退職時に1回だけ退職金を計算すればよいのではありません。企業は、それぞれの従業員に毎年付与されるポイントを計算し、記録しておかなければなりません。これを行わないで、退職時にまとめて計算しようとすると、いつ昇格していたかなどの人事記録を数十年分も掘り返すことになります。反面、この作業を毎年行うことで、退職金の勤続年数から除外される休職期間などを退職時についうっかり忘れてしまうなどの事態を防止できます。

【図表113　退職金制度別のメリット・デメリット】

制度		メリット	デメリット
基本給連動型		・従業員の納得性が比較的高い ・履歴管理が不要なため、手間がかからない	・賃金制度変更やベースアップの影響をダイレクトに受ける ・年功的な退職金制度となる ・従業員が将来の退職金を把握できない
基本給非連動型	定額制退職金	・退職金制度を賃金制度などから切り離して考えることができる ・シンプルで履歴管理が不要なため、手間がかからない ・将来の退職金が従業員にも一目瞭然である	・貢献度は基本的には反映されない
	別テーブル方式	・退職金制度を賃金制度などから切り離して考えることができる ・貢献度の設計の自由度が高い	・退職金のために別テーブルを作成しなければならない ・別テーブルの設定によっては従業員が納得しづらい ・従業員が将来の退職金を把握しづらい
	ポイント制退職金	・退職金制度を賃金制度などから切り離して考えることができる ・貢献度の設計の自由度が高い ・制度変更が容易である	・退職金のためにポイントの設計を行わなければならない ・ポイントの設定によっては従業員が納得しづらい ・ポイント管理を継続して行わなければならない ・従業員が将来の退職金を把握できない

⑤　退職金再設計のポイントは

Q59 中小企業にあった ポイント制退職金のポイントは

Answer Point

♤ポイント制退職金の退職金ポイントは、勤続ポイントと貢献ポイントで構成されます。

♤勤続ポイントは、在籍していれば全員平等に付与される退職金ポイントです。

♤貢献ポイントは、職能等級や役職により付与されるポイントです。

♤貢献ポイントは、企業に対する貢献度が最も反映され、従業員が納得しやすい項目を選択します。

◆退職金ポイントというのは

　ポイント制退職金のポイントは、勤続による勤続ポイントと職能等級や役職などの貢献度に応じた貢献ポイントから構成されます。このポイントで退職金が決定されるため、制度の根幹といえます。また、制度設計上も、この勤続ポイントと貢献ポイントの割合により、年功的な退職金制度になるのか、あるいは成果主義的な退職金になるのかが決まるため、ポイントの設定はとても重要な要素です。

　勤続ポイントと貢献ポイントの比率に正解はありません。企業の退職金制度に対する考え方1つです。例えば、きわめて成果主義的な退職金制度にするのであれば、勤続ポイントをなくして貢献ポイントだけを退職金ポイントにしたり、あるいは貢献ポイントのレベルごとの格差を大きくなるように設計します。逆の設計をすれば、年功的な退職金制度になります。

　ポイント制退職金制度は、標準者より早く昇格したケースでは、貢献ポイントが設計より多く付与されるため、勤続ポイントより貢献ポイントの比率が高まります。反対に標準者より昇格が遅いケースでは、勤続ポイントの比率が高まります。

　また、勤続年数が短いときに退職すると、通常は低い貢献ポイントしかまだ付与されていないので、勤続ポイントの比率が高まります。

　このように勤続ポイントと貢献ポイントの比率はさまざまなケースが想定できますが、中小企業では、標準的な昇格モデルの定年時の最終退職金ポイントで、勤続ポイントの累計がおよそ4割、貢献ポイントの累計がおよそ6

割の制度設計が標準的です。

♠勤続ポイントというのは

勤続ポイントは、勤続していれば全員に付与されるポイントです。

従業員への退職金ポイントの通知は年間1回だけ行うことが一般的ですが、退職者はいつ発生するかわからないので、計算を容易にするためにも、年間で付与する勤続ポイントは6または12の倍数にすると運用がしやすくなります。

♠貢献ポイントというのは

貢献ポイントは、役職や職能等級、職能資格、その年の人事考課の結果などが多く用いられます。

貢献ポイントの対象となる項目は、企業の業績に対する各人の貢献が最もよく表され、また従業員がその項目で退職金が変動することに理解を示しやすい項目を選択します。

貢献ポイントの対象項目を考える場合は、名目的なものではなく、実際にそれが機能していることが大切です。

【図表114　貢献ポイントの対象項目を考える際の留意点】

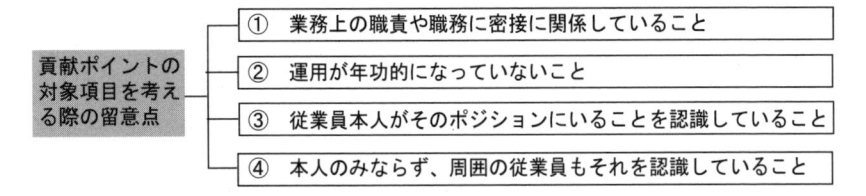

貢献ポイントの対象項目を考える際の留意点	
①	業務上の職責や職務に密接に関係していること
②	運用が年功的になっていないこと
③	従業員本人がそのポジションにいることを認識していること
④	本人のみならず、周囲の従業員もそれを認識していること

♠職能等級（職能資格）を貢献ポイントとするには

職能等級（職能資格）制度を導入していて、従業員もその等級（資格）の位置づけや役割、自分の現在の等級をよく理解している企業では、職能等級を使用することが多くなっています。

職能等級制度を導入していても事実上年功的な運用になっているなど、貢献度の指標としてあまり機能していない企業は、これらをポイントの対象とするのは避けましょう。

♠人事考課の結果を貢献ポイントとするには

毎年の人事考課の結果など評価者の主観が入る項目を貢献ポイントに使用

することは慎重さが求められます。中小企業では評価がブラックボックスだったり、従業員にオープンでないケースも多く見受けます。従業員が知り得ない評価結果によって退職金が決まるというのは解せません。

　人事考課の結果を貢献ポイントにするには、目標管理制度などを導入していて、その年の評価結果が従業員にきちんとフィードバックされていることが必要です。

　また、評価を複数の目で行っていたり、評価委員会などでその妥当性が確保されていることも大切なポイントです。

♠基本給を貢献ポイントとするには

　基本給を一定の幅で分けたり、基本給の一定率を貢献ポイントとする場合には、基本給が年功的な運用になっていないことが前提条件です。

　特に基本給の一定率を貢献ポイントにすると、ベースアップなどの賃金制度の影響を受けるので、毎年ポイントを積み上げる以外にポイント制退職金を導入するメリットは少なくなります。

　むしろポイント管理の手間が省ける基本給連動型や別テーブル方式に一工夫を加える制度としたほうがよいでしょう。

♠役職を貢献ポイントとするには

　中小企業では、職責や企業に対する貢献が反映されやすく、従業員に対して最も説明がつきやすいのは「役職」です。職能等級制度を取り入れていない企業でも、役職がまったく存在しない企業は少ないです。

　役職は、対外的にも明確で、昇格もそのときどきの企業の業績にあまり左右されず、本人の能力、業績を冷静に判断して行うケースが多いようです。また、従業員にとっても役職の重みは大きなものです。

　しかし、昨今のポスト待ちの中高齢者の増加が話題になるように、組織が硬直し、ポストが空かないと役職に就けない企業では、役職を貢献ポイントとするのは適切ではないこともあります。

　また、営業系の企業のように対外的なアピールのためにどんどん役職に就けるような企業や、部署間で役職の重みが異なる企業では、職責や職務と役職があまりリンクしていません。これらのケースでは、役職を貢献ポイントにするのは避けましょう。

Q60 中小企業にあった定額制退職金の設計・規定例は

Answer Point

♤ 企業が支給する最高退職金額から逆算して定年退職金を設計します。

♤ 中途退職の退職金も、定年退職金との比率を利用して設計します。

♠ 定年退職金の設計ポイントは

定額制退職金は、退職時の勤続年数と退職理由に応じて退職金を決定します。新卒で入社し、定年まで勤務したときが退職金の最高額となるので、まず最高額の支給水準を決めます。

定額制退職金は、貢献度を考慮しない長期勤続に対する報奨が前提の制度なので、定年退職金は勤続年数に対する完全比例方式、つまり退職金カーブを直線にするのが趣旨にあっています。

例えば、定年退職金の最高額を1,200万円で設計します。

勤続3年目から定年退職金を支給し、勤続32年以上の定年退職金を一律とすると、退職金が増加する年数は30年間です。最高額1,200万円を30年で割ると1年につき40万円のピッチになります。

【図表115　定年退職金の最高額の設定例】

定年退職金額設計例	・勤続3年目から1年につき40万円 ・勤続32年以上は一律1,200万円（30年×40万円＝1,200万円）

中途採用よりプロパーを重視したいという企業の場合は、支給カーブに膨らみをもたせ、S字を描くようにしても構いません（図表117参照）。

♠ 中途退職の退職金の設計ポイントは

定年退職金が決定したら、中途退職の退職金を決定します。規定上は勤続年数ごとの中途退職の支給額をそのまま記載しますが、設計するときは定年退職金との比率（退職理由係数）を利用して作成するほうがわかりやすいです。

図表116は、勤続3年以上を支給対象とし、支給係数のピッチを一律に

【図表116　中途退職の退職金の設計】

勤続年数	定年退職金	支給係数	中途退職金
1年	0円	0.00%	0円
2年	0円	0.00%	0円
3年	400,000円	0.00%	0円
4年	800,000円	25.00%	200,000円
5年	1,200,000円	27.25%	327,000円
6年	1,600,000円	29.50%	472,000円
7年	2,000,000円	31.75%	635,000円
8年	2,400,000円	34.00%	816,000円
9年	2,800,000円	36.25%	1,015,000円
10年	3,200,000円	38.50%	1,232,000円
11年	3,600,000円	40.75%	1,467,000円
12年	4,000,000円	43.00%	1,720,000円
13年	4,400,000円	45.25%	1,991,000円
14年	4,800,000円	47.50%	2,280,000円
15年	5,200,000円	49.75%	2,587,000円
16年	5,600,000円	52.00%	2,912,000円
17年	6,000,000円	54.25%	3,255,000円
18年	6,400,000円	56.50%	3,616,000円
19年	6,800,000円	58.75%	3,995,000円
20年	7,200,000円	61.00%	4,392,000円
21年	7,600,000円	63.25%	4,807,000円
22年	8,000,000円	65.50%	5,240,000円
23年	8,400,000円	67.75%	5,691,000円
24年	8,800,000円	70.00%	6,160,000円
25年	9,200,000円	72.25%	6,647,000円
26年	9,600,000円	74.50%	7,152,000円
27年	10,000,000円	76.75%	7,675,000円
28年	10,400,000円	79.00%	8,216,000円
29年	10,800,000円	81.25%	8,775,000円
30年	11,200,000円	83.50%	9,352,000円
31年	11,600,000円	85.75%	9,947,000円
32年	12,000,000円	88.00%	10,560,000円
33年以上	12,000,000円	90.00%	10,800,000円

（定年退職金）×（支給係数）＝（中途退職金）

して設計しています。定年退職金にそれぞれの年数の支給係数を乗じた金額が中途退職の退職金です。

　なお、定年退職金をＳ字型にすると、支給係数は同じピッチで設計しても、中途退職金はよりＳ字が強くなります（図表117参照）。

【図表117　定額制退職金支給表の例】

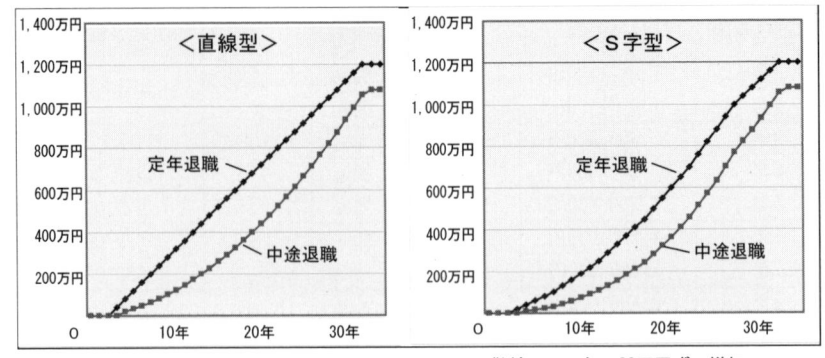

<直線型>／<S字型>のグラフ（定年退職・中途退職）

```
勤続 3～ 7年　20万円ずつ増加
     8～12年　30万円ずつ増加
    13～17年　40万円ずつ増加
    18～22年　50万円ずつ増加
    23～27年　60万円ずつ増加
    28～32年　40万円ずつ増加
中途退職の支給係数は、直線型と同じ。
```

【図表118　正社員の退職金規定の例】

退　職　金　規　定

第1条（適用範囲）
1　この規定は、就業規則の規定に基づき社員の退職金について定める。
2　この規定による退職金制度は、会社に雇用され勤務する正社員に適用する。
　　ただし、パートタイマー、嘱託など、就業形態が特殊な者については、この規定を適用しない。

第2条（退職金の支給要件）
1　退職金は、満3年以上勤務した社員が次の各号の一に該当する事由により退職した場合に支給する。
　① 定年により退職したとき
　② 在職中死亡したとき
　③ 会社の都合により退職したとき
　④ 私傷病により休職期間が満了したとき、または休職期間中に退職を申し出て退職したとき
　⑤ 前号のほか休職期間が満了し退職したとき
　⑥ 私傷病により業務に耐えられないと会社が認めた場合の退職のとき
　⑦ 自己の都合により退職したとき
2　この規定において定年退職とは第1項第1号をいう。
3　この規定において中途退職とは第1項第2号から第7号までをいう。
　　ただし、第1項第2号または第3号に該当した場合で、会社が特に認めた場合は、定年退職として取り扱うことがある。

第3条（退職金の算定方法）
1　退職金は別表1で定める退職時における役職に対応する算定基礎額に、別表2で定める社員各人の勤続年数に応じた退職金支給率を乗じて得た額とする。
2　前項の規定に基づき退職金支給額を算定するにあたって、その者が定年退職の場合には別表の甲欄、中途退職の場合には別表の乙欄に定める退職金支給率を適用する。

第4条（計算期間）
1　計算の対象となる勤続年数は、入社日から起算し、退職の日までとする。試用期間は通算するが、就業規則に定める休職、産前産後休業、育児休業、介護休業をしていた期間は通算しない。

2　勤続満３年以上であって計算上１年未満の端数月が生じた場合は、月割計算を行う。なお、１か月未満の端数は切り捨てる。

第５条（特別功労金）
　在職中、特に功労があったと認められる社員に対して、退職金に特別功労金を加算して支給することがある。支給額は、その都度その功労の程度を勘案して定める。

第６条（算出金額の端数処理）
　この規定による退職金の算出金額に1,000円未満の端数を生じたときは、これを1,000円に切り上げる。

第７条（控　　　除）
　退職金の支給に際しては、法令に定めるほか、支給を受ける者が会社に対して負う債務を控除する。

第８条（支払の時期および方法）
　退職金は、退職または解雇の日の翌月末日までに、本人名義の指定金融機関口座へ振込みにより支払う。

第９条（遺族の範囲および順位）
　本人死亡のときの退職金を受ける遺族の範囲および順位は、労働基準法施行規則第42条から第45条までに定めるところによる。

第10条（退職金の不支給および減額）
1　次の各号の一に該当する者には、退職金を支給しない。
　　ただし、事情により退職金の一部を支給することがある。
　①　就業規則に定める懲戒規定に基づき懲戒解雇された者
　②　退職後、支給日までの間において在職中の行為につき懲戒解雇に相当する事由があったと認められた者
2　次の各号の一に該当する者には、退職金を５割の範囲内で減額して支給する。
　　ただし、事情により退職金の全部を支給することがある。
　①　就業規則に定める懲戒規定に基づき諭旨解雇された者
　②　退職後、支給日までの間において在職中の行為につき諭旨解雇に相当する事由があったと認められた者
　③　退職時に会社の指定する引き継ぎを完了しないで退職した者
3　退職金の支給後に第１項第２号または第２項第２号のいずれかに該当する事実が発見された場合は、会社は支給した退職金の返還を当該社員であった者または前条の遺族に求めることができる。

第11条（社外業務に従事した場合の併給の調整）
　出向等社命により社員が社外業務に従事し、他社より退職金に相当する給付を受けた場合には、その者の退職金は、この規定により算定された退職金から当該給付に相当する額を控除して支給する。

第12条（外部積立による退職金の支給）
　会社が、中小企業退職金共済制度など外部機関において積立てを行っている場合は、当該外部機関から支給される退職金は、会社が直接本人に支給したものとみなし、第３条に規定する算定方法により会社から直接支給する退職金は、当該外部機関から支給される退職金の額を控除した額とする。

第13条（改　　　定）
　この規定は会社の経営状況および社会情勢の変化等により必要と認めたときは、支給条件および支給水準を見直すことがある。

付　　則

この規定は、平成〇〇年〇〇月〇〇日から施行する。

別表　基本退職金支給額表

勤続年数	甲（定年）	乙（中途）
1年	0円	0円
2年	0円	0円
3年	400,000円	0円
4年	800,000円	200,000円
5年	1,200,000円	327,000円
6年	1,600,000円	472,000円
7年	2,000,000円	635,000円
8年	2,400,000円	816,000円
9年	2,800,000円	1,015,000円
10年	3,200,000円	1,232,000円
11年	3,600,000円	1,467,000円
12年	4,000,000円	1,720,000円
13年	4,400,000円	1,991,000円
14年	4,800,000円	2,280,000円
15年	5,200,000円	2,587,000円
16年	5,600,000円	2,912,000円
17年	6,000,000円	3,255,000円
18年	6,400,000円	3,616,000円
19年	6,800,000円	3,995,000円
20年	7,200,000円	4,392,000円
21年	7,600,000円	4,807,000円
22年	8,000,000円	5,240,000円
23年	8,400,000円	5,691,000円
24年	8,800,000円	6,160,000円
25年	9,200,000円	6,647,000円
26年	9,600,000円	7,152,000円
27年	10,000,000円	7,675,000円
28年	10,400,000円	8,216,000円
29年	10,800,000円	8,775,000円
30年	11,200,000円	9,352,000円
31年	11,600,000円	9,947,000円
32年	12,000,000円	10,560,000円
33年以上	12,000,000円	10,800,000円

Q61 中小企業にあった別テーブル方式退職金の設計・規定例は

Answer Point

◎想定した定年退職金額から逆算して基礎給と支給率を設計します。
◎中途退職の退職理由係数と定年退職支給率を乗じて、中途退職支給率を設計します。

♦基礎給と定年退職支給率の設計

別テーブル方式は、基本給表を退職金用の金額に置き換えたり、役職や資格ごとに定めた基礎給を基本給の代わりに使用する退職金制度です。基本給表を置き換える方法は、基本給連動型退職金制度の設計方法（Q63参照）とほぼ同じなので、ここでは役職により基礎給を決定する方法を説明します。

まず、新卒で入社し、定年まで勤務したときの役職ごとの定年退職金の水準を決定します。これを最大支給率で割れば、役職ごとの基礎給が決定します。支給率は、仮に勤続3年で1をスタートに、毎年1ずつ上昇させ、勤続32年で最大の30.0となるように置きます。

例えば、最終役職が部長の場合に1,200万円の定年退職金を支給するのなら、1,200万円÷30.0＝40万円　が部長の基礎給与となります。

次に、勤続10年、20年、25年の節目で役職ごとの金額を確認します。この場合の支給率は、定年が対象ですから、最終金額とあわせて4箇所確認すれば十分でしょう。

役職ごとの最終定年退職金額（勤続32年以上）が企業のイメージとあわない場合は、役職ごとの単価を上下させてイメージにあうように修正します。また、支給カーブに膨らみを持たせたい場合は、支給率を一定のピッチから変化させて、Ｓ字カーブを描くように調整します。

【図表119　定年退職金の支給率の例】

勤続年数	支給率	役職／基礎給				
		部長	課長	係長	主任	一般
3年	1.0	400,000	360,000	320,000	300,000	280,000
10年	8.0	3,200,000	2,880,000	2,560,000	2,400,000	2,240,000
20年	18.0	7,200,000	6,480,000	5,760,000	5,400,000	5,040,000
25年	23.0	9,200,000	8,280,000	7,360,000	6,900,000	6,440,000
32年以上	30.0	12,000,000	10,800,000	9,600,000	9,000,000	8,400,000

♠中途退職の退職金の設計

定年退職金の支給率が決定したら、中途退職の支給率を決めます。

中途退職の支給率＝定年退職支給率×退職理由係数

ここでも中途退職の支給率は勤続年数ごとに恣意的に決定できますが、できるだけ根拠をもたせるように設計します。

支給係数を勤続4年で25％、以降1年につき2.25％ずつ上昇させ、勤続33年以上は一律90％とします。

次に中途退職の退職金額を確認します。すべての役職で勤続5年、10年など5年ごとの節目で確認するのは大変ですから、中途退職が最も多い一般職と主任、係長くらいまでを5年ごと（主任、係長は10年以上）に確認すればよいでしょう。

この金額が企業で想定している金額とあわない場合は、支給係数に調整を加えて金額を上下させます。

規定には、支給係数は出てきませんので、最後に定年退職の支給率と支給係数を乗じて、中途退職の支給率にします。

【図表120　中途退職の退職金額の確認】

	一般	主任	係長
勤続 5年	230,000円		
勤続10年	863,000円	924,000円	986,000円
勤続15年	1,812,000円	1,941,000円	2,071,000円
勤続20年	3,075,000円	3,294,000円	3,514,000円
勤続25年	4,654,000円	4,986,000円	5,319,000円
勤続30年	6,547,000円	7,014,000円	7,482,000円

【図表121　正社員の退職金規定の例】

退 職 金 規 定

第1条（適用範囲）
1　この規定は、就業規則の規定に基づき社員の退職金について定める。
2　この規定による退職金制度は、会社に雇用され勤務する正社員に適用する。
　　ただし、パートタイマー、嘱託など、就業形態が特殊な者については、この規定を適用しない。

第2条（退職金の支給要件）
1　退職金は、満3年以上勤務した社員が次の各号の一に該当する事由により退職した場合に支給する。
　① 定年により退職したとき
　② 在職中死亡したとき
　③ 会社の都合により退職したとき
　④ 私傷病により休職期間が満了したとき、または休職期間中に退職を申し出て退職したとき
　⑤ 前号のほか休職期間が満了し退職したとき
　⑥ 私傷病により業務に耐えられないと会社が認めた場合の退職のとき
　⑦ 自己の都合により退職したとき
2　この規定において定年退職とは第1項第1号をいう。
3　この規定において中途退職とは第1項第2号から第7号までをいう。
　　ただし、第1項第2号または第3号に該当した場合で、会社が特に認めた場合は、定年退職として取り扱うことがある。

第3条（退職金の算定方法）
1　退職金は別表1で定める退職時における役職に対応する算定基礎額に、別表2で定める社員各人の勤続年数に応じた退職金支給率を乗じて得た額とする。
2　前項の規定に基づき退職金支給額を算定するにあたって、その者が定年退職の場合には別表の甲欄、中途退職の場合には別表の乙欄に定める退職金支給率を適用する。

第4条（計算期間）
1　計算の対象となる勤続年数は、入社日から起算し、退職の日までとする。試用期間は通算するが、就業規則に定める休職、産前産後休業、育児休業、介護休業をしていた期間は通算しない。
2　勤続満3年以上であって計算上1年未満の端数月が生じた場合は、月割計算を行う。なお、1か月未満の端数は切り捨てる。

第5条（特別功労金）
　在職中、特に功労があったと認められる社員に対して、退職金に特別功労金を加算して支給することがある。
　支給額は、その都度その功労の程度を勘案して定める。

第6条（算出金額の端数処理）
　この規定による退職金の算出金額に1,000円未満の端数を生じたときは、これを1,000円に切り上げる。

第7条（控　　除）
　退職金の支給に際しては、法令に定めるほか、支給を受ける者が会社に対して負う債務を控除する。

第8条（支払の時期および方法）
　退職金は、退職または解雇の日の翌月末日までに、本人名義の指定金融機関口座へ振込みにより支払う。

第9条（遺族の範囲および順位）
　本人死亡のときの退職金を受ける遺族の範囲および順位は、労働基準法施行規則第42条から第45条までに定めるところによる。

第10条（退職金の不支給および減額）
1　次の各号の一に該当する者には、退職金を支給しない。
　　ただし、事情により退職金の一部を支給することがある。
　① 就業規則に定める懲戒規定に基づき懲戒解雇された者
　② 退職後、支給日までの間において在職中の行為につき懲戒解雇に相当する事由があったと認められた者
2　次の各号の一に該当する者には、退職金を５割の範囲内で減額して支給する。
　　ただし、事情により退職金の全部を支給することがある。
　① 就業規則に定める懲戒規定に基づき諭旨解雇された者
　② 退職後、支給日までの間において在職中の行為につき諭旨解雇に相当する事由があったと認められた者
　③ 退職時に会社の指定する引き継ぎを完了しないで退職した者
3　退職金の支給後に第１項第２号または第２項第２号のいずれかに該当する事実が発見された場合は、会社は支給した退職金の返還を当該社員であった者または前条の遺族に求めることができる。

第11条（社外業務に従事した場合の併給の調整）
　出向等社命により社員が社外業務に従事し、他社より退職金に相当する給付を受けた場合には、その者の退職金は、この規定により算定された退職金から当該給付に相当する額を控除して支給する。

第12条（外部積立による退職金の支給）
　会社が、中小企業退職金共済制度など外部機関において積立を行っている場合は、当該外部機関から支給される退職金は、会社が直接本人に支給したものとみなし、第３条に規定する算定方法により会社から直接支給する退職金は、当該外部機関から支給される退職金の額を控除した額とする。

第13条（改　　定）
　この規定は会社の経営状況および社会情勢の変化等により必要と認めたときは、支給条件および支給水準を見直すことがある。

付　　則

　この規定は、平成〇〇年〇〇月〇〇日から施行する。

⑤ 退職金再設計のポイントは

別表１　算定基礎額表

役職	算定基礎額
部長	400,000円
課長	360,000円
係長	320,000円
主任	300,000円
一般	280,000円

別表2　退職金支給率表表

勤続年数	甲	乙
1年	0.0	0.00
2年	0.0	0.00
3年	1.0	0.00
4年	2.0	0.50
5年	3.0	0.82
6年	4.0	1.18
7年	5.0	1.59
8年	6.0	2.04
9年	7.0	2.54
10年	8.0	3.08
11年	9.0	3.67
12年	10.0	4.30
13年	11.0	4.98
14年	12.0	5.70
15年	13.0	6.47
16年	14.0	7.28
17年	15.0	8.14
18年	16.0	9.04
19年	17.0	9.99
20年	18.0	10.98
21年	19.0	12.02
22年	20.0	13.10
23年	21.0	14.23
24年	22.0	15.40
25年	23.0	16.62
26年	24.0	17.88
27年	25.0	19.19
28年	26.0	20.54
29年	27.0	21.94
30年	28.0	23.38
31年	29.0	24.87
32年	30.0	26.40
33年以上	30.0	27.00

Q61　中小企業にあった別テーブル方式退職金の設計・規定例は

Q62 中小企業にあったポイント制退職金の設計・規定例は

Answer Point

♠ ポイント制退職金は、昇格モデルの設計が最も重要です。
♠ 標準者の定年退職金で基本となる勤続ポイントと貢献ポイントを決定します。
♠ 貢献ポイントは、昇格が難しいところに差を多くつけます。

♠昇格モデルの作成

ポイント制退職金は、役職や資格ごとに定めたポイントを付与していき、その累計点数に退職理由ごとの勤続年数に応じた率（支給率）とポイント単価を乗じて退職金を決定する方法です。

それでは、貢献ポイントを役職ポイントとする場合の設計方法をみていきましょう。

最初に新卒入社の従業員が定年に達するまでの役職昇格モデルを作成します。最も早く昇格していった場合の人物モデルを優秀モデル、標準的に昇格していった場合の人物モデルを標準モデルとします。

【図表122　昇格モデルの例】

勤続年数	0 1 2 3 4 5 6 7 8	9 10 11 12 13 14 15 16 17 18 19 20 21 22 23	24 25 26 27 28 29 30 31 32 33 34 35 36 37 38
標準モデル役職	一般 （標準滞留期間8年）	主任 （標準滞留期間15年）	係長 （標準滞留期間15年）
優秀モデル役職	一般 （標準滞留期間6年）	主任（標準滞留期間7年） / 係長（標準滞留期間5年） / 課長（標準滞留期間10年）	部長 （標準滞留期間10年）

このモデルの作成が現実離れしていると、実際に退職金制度を運用するときに設計と大幅にズレてしまいますので、慎重に作成します。

♠勤続ポイントの設計

昇格モデルが作成できたら、勤続ポイントを決定します。

勤続ポイントは、標準モデルの定年退職金額から逆算します。例えば、標準昇格モデルの定年退職金額の想定額がおよそ900万円、そのときの勤続ポイントの割合を4割で設計すると、勤続ポイントは900万円×40％で

360万円となります。

勤続3年目から退職金ポイントを付与していき、勤続32年まで勤続ポイントを付与する制度だと、ポイントを付与する月数は360か月ですので、勤続ポイントは月間1ポイント、年間12ポイントとなります。

今回はポイント単価を1万円としていますが、ポイントを細かく設定したい場合は、ポイント単価を1千円として、勤続ポイントを年間120ポイントとしても構いません。

♠貢献ポイントの設計

次に貢献ポイントを決定します。

貢献ポイントもまず標準モデルの定年退職金をベースに設計を行います。

貢献ポイントは、標準モデルで昇格していく役職のポイントにはあまり差をつけません。標準モデルより上位の役職が、企業に対する貢献が大きいと考えられるので、その役職以上で大きな格差をつけます。

【図表123　貢献ポイントの決定例】

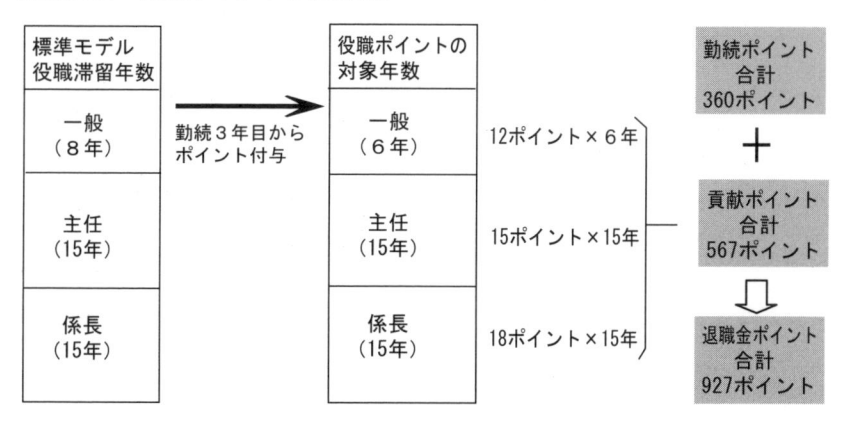

標準モデル 役職滞留年数		役職ポイントの 対象年数			
一般 （8年）	勤続3年目から ポイント付与 →	一般 （6年）	12ポイント×6年	勤続ポイント 合計 360ポイント	
主任 （15年）		主任 （15年）	15ポイント×15年	＋ 貢献ポイント 合計 567ポイント	
係長 （15年）		係長 （15年）	18ポイント×15年	⇩ 退職金ポイント 合計 927ポイント	

一番下位の役職（一般職）は、必ず付与されるポイントなので、実質は勤続ポイントと変わりません。そのため、これを0ポイントにし、勤続ポイントを増やす場合もあります。しかし、一番下位の役職にポイントを付与しておけば、将来、役職間のポイント格差を広げたり、勤続ポイントと貢献ポイントの比率を変えるときに、制度変更が容易になります。

今回の設計例では、標準昇格者の定年退職金900万円のうち、勤続ポイントで360万円使用しているので、貢献ポイントとして使用できるのは残りの540万円です。

一般職年間12ポイント、主任年間15ポイント、係長年間18ポイントとすると合計567ポイントです。勤続ポイントとあわせて927ポイントなので、想定の900万円にほぼ見合う設計となります。

◆優秀昇格モデルで使用する貢献ポイントの設計

次に優秀モデルで出てくる上位の役職の貢献ポイントを決定します。

今回は、優秀昇格モデルの定年退職金をおよそ1,300万円として設計を行います。

係長までの貢献ポイントはすでに決定しているので、残りの課長を年間30ポイント、部長を36ポイントとすると貢献ポイントの合計が903ポイントとなります。

勤続ポイントとあわせて1,263ポイントとなり、想定の1,300ポイントにほぼ見合う設計となりました。

【図表124　課長・部長の貢献ポイントの設計】

標準モデル役職滞留年数		役職ポイントの対象年数		
一般（6年）	勤続3年目からポイント付与	一般（4年）	12ポイント×4年	勤続ポイント合計360ポイント
主任（7年）		主任（7年）	15ポイント×7年	＋
係長（5年）		係長（5年）	18ポイント×5年	貢献ポイント合計903ポイント
課長（10年）		課長（10年）	30ポイント×10年	⇩
部長（10年）		部長（10年）	36ポイント×10年	退職金ポイント合計1,263ポイント

◆支給理由係数の設計

最後に中途退職の支給事由係数を決定し、中途退職の退職金額を確認します。

【図表125　支給理由係数の設計例】

モデル中途退職金額	勤続 5年	標準モデル：　　197,000円	優秀モデル：標準モデルと同額
	勤続10年	標準モデル：　　763,000円	優秀モデル：　　786,000円
	勤続15年	標準モデル：1,657,000円	優秀モデル：1,717,000円
	勤続20年	標準モデル：2,855,000円	優秀モデル：3,166,000円
	勤続25年	標準モデル：4,401,000円	優秀モデル：5,268,000円
	勤続30年	標準モデル：6,338,000円	優秀モデル：7,941,000円

【図表126　正社員の退職金規定の例】

退 職 金 規 定

第１条（適用範囲）
1　この規定は、就業規則の規定に基づき社員の退職金について定める。
2　この規定による退職金制度は、会社に雇用され勤務する正社員に適用する。
　　ただし、パートタイマー、嘱託など、就業形態が特殊な者についてはこの規定を適用しない。

第２条（退職金の支給要件）
1　退職金は、満３年以上勤務した社員が次の各号の一に該当する事由により退職した場合に支給する。
　①　定年により退職したとき
　②　在職中死亡したとき
　③　会社の都合により退職したとき
　④　私傷病により休職期間が満了したとき、または休職期間中に退職を申し出て退職したとき
　⑤　前号のほか休職期間が満了し退職したとき
　⑥　私傷病により業務に耐えられないと会社が認めた場合の退職のとき
　⑦　自己の都合により退職したとき
2　この規定において定年退職とは第１項第１号をいう。
3　この規定において中途退職とは第１項第２号から第７号までをいう。
　　ただし、第１項第２号または第３号に該当した場合で、会社が特に認めた場合は定年退職として取り扱うことがある。

第３条（退職金の算定方法）
1　退職金は退職時点の本人の退職金ポイントに、10,000円を乗じた金額とする。
　　ただし、中途退職の場合は、さらに別表２の退職理由係数を乗じるものとする。
2　退職金ポイントは、別表１に定める役職ポイントと勤続ポイントのそれぞれ12分の１を毎月末日にその日の各人の役職に応じて付与し、その累計ポイントをもって算定する。
　　ただし、勤続ポイントは累計360ポイントを上限とする。
3　前項のポイントは、勤続満３年に達した日の翌月から付与を開始する。
　　ただし、その月に16日以上就業規則に定める休職、産前産後休業、育児休業、介護休業をしていた月はポイントを付与せず、勤続満３年までの間に当該期間があった場合は勤続年数に含めない。
4　退職金ポイントは、毎年４月に前月末日現在のポイントを本人に通知する。

第４条（計算期間）
1　退職理由係数は、勤続ポイントの付与対象となった月数に３年を加算して算定する。
2　前項の計算上１年未満の端数月が生じた場合は、月割計算を行う。

第５条（特別功労金）
　在職中、特に功労があったと認められる社員に対して、退職金に特別功労金を加算して支給することがある。支給額は、その都度その功労の程度を勘案して定める。

第６条（算出金額の端数処理）
　この規定による退職金の算出金額に1,000円未満の端数を生じたときは、これを1,000円に切り上げる。

第７条（控　　除）
　退職金の支給に際しては、法令に定めるほか、支給を受ける者が会社に対して負う債務を控除する。

第8条（支払の時期および方法）
　退職金は、退職または解雇の日の翌月末日までに、本人名義の指定金融機関口座へ振込みにより支払う。

第9条（遺族の範囲および順位）
　本人死亡のときの退職金を受ける遺族の範囲および順位は、労働基準法施行規則第42条から第45条までに定めるところによる。

第10条（退職金の不支給および減額）
1　次の各号の一に該当する者には、退職金を支給しない。ただし、事情により退職金の一部を支給することがある。
　①　就業規則に定める懲戒規定に基づき懲戒解雇された者
　②　退職後、支給日までの間において在職中の行為につき懲戒解雇に相当する事由があったと認められた者
2　次の各号の一に該当する者には、退職金を5割の範囲内で減額して支給する。ただし、事情により退職金の全部を支給することがある。
　①　就業規則に定める懲戒規定に基づき諭旨解雇された者
　②　退職後、支給日までの間において在職中の行為につき諭旨解雇に相当する事由があったと認められた者
　③　退職時に会社の指定する引き継ぎを完了しないで退職した者
3　退職金の支給後に第1項第2号または第2項第2号のいずれかに該当する事実が発見された場合は、会社は支給した退職金の返還を当該社員であった者または前条の遺族に求めることができる。

第11条（社外業務に従事した場合の併給の調整）
　出向等社命により社員が社外業務に従事し、他社より退職金に相当する給付を受けた場合には、その者の退職金は、この規定により算定された退職金から当該給付に相当する額を控除して支給する。

第12条（外部積立による退職金の支給）
　会社が、中小企業退職金共済制度など外部機関において積立を行っている場合は、当該外部機関から支給される退職金は、会社が直接本人に支給したものとみなし、第3条に規定する算定方法により会社から直接支給する退職金は、当該外部機関から支給される退職金の額を控除した額とする。

第13条（改　　定）
　この規定は会社の経営状況および社会情勢の変化等により必要と認めたときは、支給条件および支給水準を見直すことがある。

付　　則

　この規定は、平成〇〇年〇〇月〇〇日から施行する。

別表1　年間退職金ポイント表

勤続ポイント	役職	役職ポイント
12ポイント	部長	36ポイント
	課長	30ポイント
	係長	18ポイント
	主任	15ポイント
	一般	12ポイント

⑤　退職金再設計のポイントは

別表2　退職理由係数表

勤続年数	係数
1年	0.00%
2年	0.00%
3年	0.00%
4年	25.00%
5年	27.25%
6年	29.50%
7年	31.75%
8年	34.00%
9年	36.25%
10年	38.50%
11年	40.75%
12年	43.00%
13年	45.25%
14年	47.50%
15年	49.75%
16年	52.00%
17年	54.25%
18年	56.50%
19年	58.75%
20年	61.00%
21年	63.25%
22年	65.50%
23年	67.75%
24年	70.00%
25年	72.25%
26年	74.50%
27年	76.75%
28年	79.00%
29年	81.25%
30年	83.50%
31年	85.75%
32年	88.00%
33年以上	90.00%

Q63 通常の退職金の規定例は

Answer Point
♤ モデル賃金が退職金制度設計のキーです。
♤ モデル賃金が実態と異なると退職金額も連動しますので、数年に1度は確認が必要です。
♤ 想定定年退職金額とモデル賃金の最終基本給から逆算して設計していきます。

♠モデル賃金の作成

通常の基本給に連動した退職金を設計するときは、モデル賃金を活用します。モデル賃金は、成績優秀で昇進が最も早いと想定されるモデルと標準的な昇格モデルの2本を用意します。

ベースアップなどでモデル賃金が変更になると退職金支給モデルも変わるので、モデル賃金はできるだけ正確性を維持しなければなりません。賃金制度の変更やベースアップがなくても、数年に1度は現状と乖離していないか確認しましょう。

今回は、毎年6,000円ずつ昇給していく標準モデルと、勤続10年までが6,000円、20年まで8,000円、30年まで10,000円、30年以降6,000円の昇給をしていく優秀モデルの2つで設計します（図表127参照）。

♠定年退職支給率の設計

モデル賃金ができたら、定年退職の水準と支給率を決定します。

例えば、優秀昇格モデルの定年退職金をおよそ1,200万円とすれば、1,200万円÷定年時基本給482,000円＝24.9　が最終の支給率となります。

支給率を、勤続2年から勤続32年までの30年間で上昇するように設計すると、24.9÷30年で1年ごとのピッチは0.83となります。

ここまでできたら、勤続10年、20年、25年の節目で昇格モデルごとの金額を確認します。

この場合は、定年が対象ですから、最終金額とあわせて4か所確認すれば十分でしょう。

この金額が企業で想定している金額とあわない場合やS字カーブを強めたい場合は、支給率を調整します。

【図表127　モデル賃金の作成例】

昇給額	標準モデル	優秀モデル	昇給額	標準モデル	優秀モデル
10年まで	6,000円	6,000円	30年まで	6,000円	10,000円
20年まで		8,000円	30年以降		6,000円

昇給額 勤続年数	標準モデル 基本給	優秀モデル 基本給	昇給額 勤続年数	標準モデル 基本給	優秀モデル 基本給
1年	200,000円	200,000円	21年	320,000円	344,000円
2年	206,000円	206,000円	22年	326,000円	354,000円
3年	212,000円	212,000円	23年	332,000円	364,000円
4年	218,000円	218,000円	24年	338,000円	374,000円
5年	224,000円	224,000円	25年	344,000円	384,000円
6年	230,000円	230,000円	26年	350,000円	394,000円
7年	236,000円	236,000円	27年	356,000円	404,000円
8年	242,000円	242,000円	28年	362,000円	414,000円
9年	248,000円	248,000円	29年	368,000円	424,000円
10年	254,000円	254,000円	30年	374,000円	434,000円
11年	260,000円	262,000円	31年	380,000円	440,000円
12年	266,000円	270,000円	32年	386,000円	446,000円
13年	272,000円	278,000円	33年	392,000円	452,000円
14年	278,000円	286,000円	34年	398,000円	458,000円
15年	284,000円	294,000円	35年	404,000円	464,000円
16年	290,000円	302,000円	36年	410,000円	470,000円
17年	296,000円	310,000円	37年	416,000円	476,000円
18年	302,000円	318,000円	38年	422,000円	482,000円
19年	308,000円	326,000円			
20年	314,000円	334,000円			

【図表128　定年退職支給率の設計例】

定年退職金額	・勤続10年	標準モデル： 1,687,000円	優秀モデル：標準モデルと同額
	・勤続20年	標準モデル： 4,692,000円	優秀モデル： 4,990,000円
	・勤続30年	標準モデル： 8,692,000円	優秀モデル：10,087,000円
	・勤続38年	標準モデル：10,508,000円	優秀モデル：12,002,000円

♠中途退職支給率の設計

　定年退職金の支給率を決めたら、中途退職の支給率を決定します。ここでも中途退職の支給率は勤続年数ごとに恣意的に決定できますが、できるだけ根拠をもたせるように設計します。

　ここでは、支給係数を勤続4年で25％、以降1年につき2.25％ずつ上昇させ、勤続33年以上は一律90％とします。この退職理由係数に定年退職の支給率を乗じると中途退職の支給率になります。

中途退職の支給率＝定年退職支給率×退職理由係数

　最後に中途退職の退職金額を5年ごとの節目で確認します。勤続30年を超えて中途退職をすることはあまりありませんので、勤続30年まで確認すればよいでしょう。
　この金額が企業で想定している金額とあわない場合は、中途退職の支給率を調整します。

【図表129　中途退職支給率の設計例】

中途退職金額	・勤続 5年	標準モデル：　　153,000円	優秀モデル：標準モデルと同額
	・勤続10年	標準モデル：　　651,000円	優秀モデル：標準モデルと同額
	・勤続15年	標準モデル：1,526,000円	優秀モデル：1,579,000円
	・勤続20年	標準モデル：2,861,000円	優秀モデル：3,043,000円
	・勤続25年	標準モデル：4,744,000円	優秀モデル：5,296,000円
	・勤続30年	標準モデル：7,260,000円	優秀モデル：8,424,000円

【図表130　正社員の退職金規定の例】

退　職　金　規　定

第1条（適用範囲）
1　この規定は、就業規則の規定に基づき社員の退職金について定める。
2　この規定による退職金制度は、会社に雇用され勤務する正社員に適用する。
　　ただし、パートタイマー、嘱託など、就業形態が特殊な者については、この規定を適用しない。

第2条（退職金の支給要件）
1　退職金は満3年以上勤務した社員が次の各号の一に該当する事由により退職した場合に支給する。
　①　定年により退職したとき
　②　在職中死亡したとき

③　会社の都合により退職したとき
　④　私傷病により休職期間が満了したとき、または休職期間中に退職を申し出て退職したとき
　⑤　前号のほか休職期間が満了し退職したとき
　⑥　私傷病により業務に耐えられないと会社が認めた場合の退職のとき
　⑦　自己の都合により退職したとき
2　この規定において定年退職とは第1項第1号をいう。
3　この規定において中途退職とは第1項第2号から第7号までをいう。
　　ただし、第1項第2号または第3号に該当した場合で、会社が特に認めた場合は定年退職として取り扱うことがある。

第3条（退職金の算定方法）
1　退職金は退職時の基本給に、別表で定める社員各人の勤続年数に応じた退職金支給率を乗じて得た額とする。
2　前項の規定に基づき退職金支給額を算定するにあたって、その者が定年退職の場合には別表の甲欄、中途退職の場合には別表の乙欄に定める退職金支給率を適用する。

第4条（計算期間）
1　計算の対象となる勤続年数は、入社日から起算し、退職の日までとする。試用期間は通算するが、就業規則に定める休職、産前産後休業、育児休業、介護休業をしていた期間は通算しない。
2　勤続満3年以上であって計算上1年未満の端数月が生じた場合は、月割計算を行う。なお、1か月未満の端数は切り捨てる。

第5条（特別功労金）
　在職中、特に功労があったと認められる社員に対して、退職金に特別功労金を加算して支給することがある。支給額は、その都度その功労の程度を勘案して定める。

第6条（算出金額の端数処理）
　この規定による退職金の算出金額に1,000円未満の端数を生じたときは、これを1,000円に切り上げる。

第7条（控　　除）
　退職金の支給に際しては、法令に定めるほか、支給を受ける者が会社に対して負う債務を控除する。

第8条（支払の時期および方法）
　退職金は、退職または解雇の日の翌月末日までに、本人名義の指定金融機関口座へ振込みにより支払う。

第9条（遺族の範囲および順位）
　本人死亡のときの退職金を受ける遺族の範囲および順位は、労働基準法施行規則第42条から第45条までに定めるところによる。

第10条（退職金の不支給および減額）
1　次の各号の一に該当する者には、退職金を支給しない。ただし、事情により退職金の一部を支給することがある。
　①　就業規則に定める懲戒規定に基づき懲戒解雇された者
　②　退職後、支給日までの間において在職中の行為につき懲戒解雇に相当する事由があったと認められた者
2　次の各号の一に該当する者には、退職金を5割の範囲内で減額して支給する。ただし、事情により退職金の全部を支給することがある。
　①　就業規則に定める懲戒規定に基づき諭旨解雇された者

②　退職後、支給日までの間において在職中の行為につき諭旨解雇に相当する事由があったと認められた者
③　退職時に会社の指定する引き継ぎを完了しないで退職した者
3　退職金の支給後に第１項第２号または第２項第２号のいずれかに該当する事実が発見された場合は、会社は支給した退職金の返還を当該社員であった者または前条の遺族に求めることができる。

第11条（社外業務に従事した場合の併給の調整）
　出向等社命により社員が社外業務に従事し、他社より退職金に相当する給付を受けた場合には、その者の退職金は、この規定により算定された退職金から当該給付に相当する額を控除して支給する。

第12条（外部積立による退職金の支給）
　会社が、中小企業退職金共済制度など外部機関において積立を行っている場合は、当該外部機関から支給される退職金は、会社が直接本人に支給したものとみなし、第３条に規定する算定方法により会社から直接支給する退職金は、当該外部機関から支給される退職金の額を控除した額とする。

第13条（改　　定）
　この規定は会社の経営状況および社会情勢の変化等により必要と認めたときは、支給条件および支給水準を見直すことがある。

付　　　則

　この規定は、平成〇〇年〇〇月〇〇日から施行する。

別表　退職金支給率表

勤続年数	甲	乙	勤続年数	甲	乙
１年	0.00	0.00	18年	13.28	7.50
２年	0.00	0.00	19年	14.11	8.29
３年	0.83	0.00	20年	14.94	9.11
４年	1.66	0.42	21年	15.77	9.97
５年	2.49	0.68	22年	16.60	10.87
６年	3.32	0.98	23年	17.43	11.81
７年	4.15	1.32	24年	18.26	12.78
８年	4.98	1.69	25年	19.09	13.79
９年	5.81	2.11	26年	19.92	14.84
10年	6.64	2.56	27年	20.75	15.93
11年	7.47	3.04	28年	21.58	17.05
12年	8.30	3.57	29年	22.41	18.21
13年	9.13	4.13	30年	23.24	19.41
14年	9.96	4.73	31年	24.07	20.64
15年	10.79	5.37	32年	24.90	21.91
16年	11.62	6.04	33年以上	24.90	22.41
17年	12.45	6.75			

Q64 中退共を活用するときの退職金規定例は

Answer Point

♤ 中退共だけで退職金を設計するのは、ポイント制退職金と同じ制度です。
♤ 中退共には、月額掛金の制約があります。
♤ 中退共は、支給事由により差をつけられませんので、中途退職を基本に制度設計をします。
♤ 中退共に加入する開始時期に注意しましょう。

♠中退共はポイント制退職金制度

中退共は、個人ごとの役職や等級などに応じた掛金を企業が毎月拠出し、退職時には個人別に拠出された金額に応じた退職金を受け取ります。つまり、毎月掛金が積み重なっていくので、制度設計はポイント制退職金と同じになります。

ポイント制退職金と決定的に違うのは、①中退共では退職理由に応じて支給額を変更できないので、退職理由係数が存在しないこと、②退職するまで掛金を支払い続けるので途中で退職金を頭打ちにすることができないこと、③掛金は範囲が限定されていること、の3点になります。

したがって、中退共を活用する退職金制度の設計では、中途退職を基本に制度設計を行い、定年退職金との差額は企業が別途支払うことになります。

♠掛金設定の基準となる項目

中退共で退職金制度のすべてを運用する場合の設計は、掛金設定の対象項目を何にするかから始まります（図表131参照）。

【図表131　中退共の掛金設定の種類】

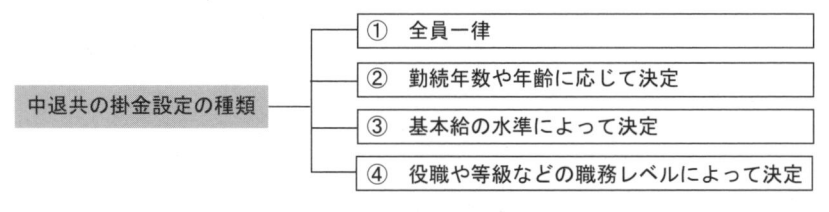

中退共の掛金設定の種類	
①	全員一律
②	勤続年数や年齢に応じて決定
③	基本給の水準によって決定
④	役職や等級などの職務レベルによって決定

この対象項目の考え方は、Q59を参考にしてください。全員一律の掛金

とする場合は、勤続ポイントだけのポイント制退職金と同じ意味合いとなります。

♠職能等級で掛金設定をするときの設計例

それでは職能等級に応じて掛金を決定する場合の設計例をみてみましょう。最初にやるべきことは、ポイント制退職金の設計と同じように、新卒入社の従業員が定年に達するまでの昇格モデルの作成です。昇格モデルは、図表132のように優秀モデルと標準モデルの2通りを準備します。

【図表132　昇格モデルの設計例】

勤続年数	0	1	2	3	4	5	6	7	8	9	10	11	12	13	14	15	16	17	18	19	20	21	22	23	24	25	26	27	28	29	30	31	32	33	34	35	36	37	38
標準モデル	拠出対象外			5級（標準滞留期間8年）								4級（標準滞留期間10年）										3級（標準滞留期間10年）										2級（標準滞留期間10年）								
優秀モデル	拠出対象外			5級（標準滞留期間7年）							4級（標準滞留期間8年）								3級（標準滞留期間8年）								2級（標準滞留期間8年）								1級（標準滞留期間7年）						

ここでは、5級～1級まである場合で勤続3年目から掛金を拠出する場合の設計例を示しています。

♠掛金の設定

昇格モデルが作成できたら、職能等級ごとの掛金の金額を設定します。

掛金は、まず標準モデルの最終退職金をベースに設計を行います。今回は、3等級からが管理職として活躍してもらうという設定で、図表133のように3等級以上の掛金を厚めに設計します。

なお、中退共の掛金の月額は次の金額しか設定できません。

【図表133　中退共の掛金の月額の設定限度】

掛金月額				パートタイマーのみ認められる掛金月額
5,000円	6,000円	7,000円	8,000円	
9,000円	10,000円	12,000円	14,000円	2,000円
16,000円	18,000円	20,000円	22,000円	3,000円
24,000円	26,000円	28,000円	30,000円	4,000円

この金額で勤続38年の中途退職金がおよそ700万円となるように設計します。

【図表134　3等級からが管理職として活躍してもらうという設定例】

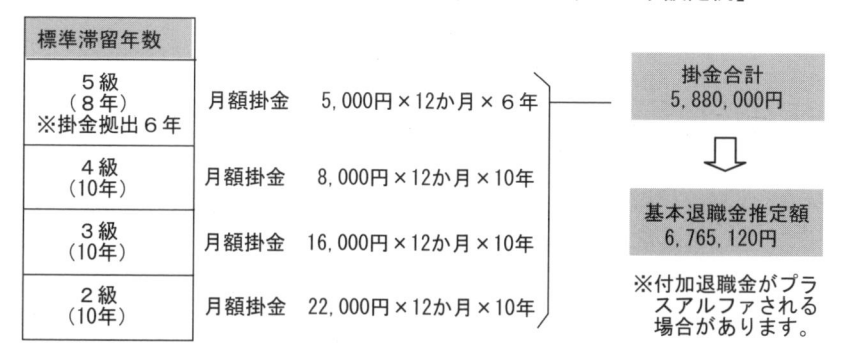

標準滞留年数		
5級（8年）※掛金拠出6年	月額掛金	5,000円×12か月×6年
4級（10年）	月額掛金	8,000円×12か月×10年
3級（10年）	月額掛金	16,000円×12か月×10年
2級（10年）	月額掛金	22,000円×12か月×10年

掛金合計　5,880,000円

⇩

基本退職金推定額　6,765,120円

※付加退職金がプラスアルファされる場合があります。

基本退職金額が6,765千円となり、運用実績によって加算される付加退職金が今後加算されればおよそ700万円の退職金が見込まれます。

♠優秀モデルの設計

優秀モデルは、最終退職金額を900万円で設計してみます。

【図表135　優秀モデルの設計例】

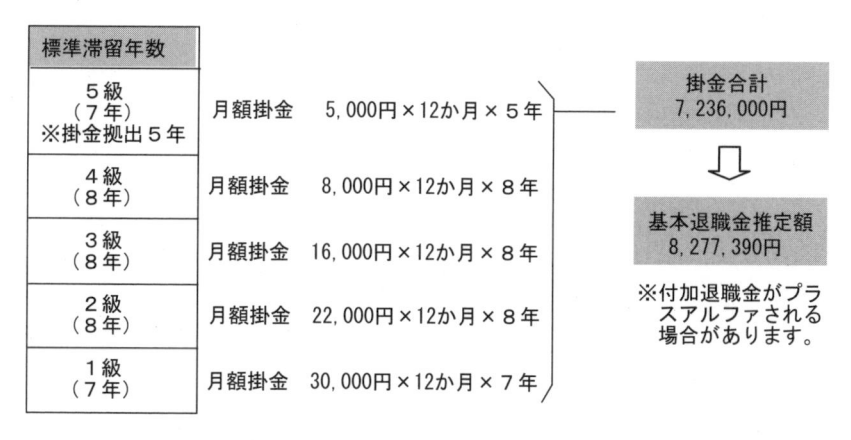

標準滞留年数		
5級（7年）※掛金拠出5年	月額掛金	5,000円×12か月×5年
4級（8年）	月額掛金	8,000円×12か月×8年
3級（8年）	月額掛金	16,000円×12か月×8年
2級（8年）	月額掛金	22,000円×12か月×8年
1級（7年）	月額掛金	30,000円×12か月×7年

掛金合計　7,236,000円

⇩

基本退職金推定額　8,277,390円

※付加退職金がプラスアルファされる場合があります。

付加退職金が加算されても900万円には届きませんが、中退共は月額掛金の上限が3万円ですので、これ以上は増やせません。

♠退職金支給額の確認

両者の設計が終わったら、勤続の節目ごとの基本退職金を確認します。こ

の支給額が企業の想定とあわない場合は、掛金を見直します。

今回の例の場合の中途退職金額（基本退職金のみ）は、図表136のとおりです。

【図表136　モデル中途退職金額の例】

モデル中途退職金額	・勤続3年未満	（新規加入1年以内）　　0円	
	・勤続5年	標準モデル：　180,000円	優秀モデル：標準モデルと同額
	・勤続10年	標準モデル：　571,000円	優秀モデル：　607,750円
	・勤続20年	標準モデル：1,839,900円	優秀モデル：2,175,650円
	・勤続30年	標準モデル：4,206,500円	優秀モデル：4,960,700円

♠中退共の加入時期は

退職金制度に中退共を活用している場合は、加入時期も大切です。中退共だけで退職金制度を行っていると、加入漏れや加入遅れがあると本人に支給する退職金額が少なくなります。

中退共は、新規加入した従業員については加入後1年間は退職金が支払われず、掛金の返還もありません。

したがって、勤続満3年から退職金を支給すると定めているのであれば、勤続3年目の初月に中退共に加入させなければなりません。

中退共の契約成立年月日は、追加申込書を提出した日です。さかのぼることはできませんので、要注意です。

また、中退共を退職一時金の自己都合の範囲内での積立に利用している場合は、加入開始時期により自己都合退職金と積立金が逆転するケースがあります。中退共の最低拠出額は正社員なら年間6万円なので、自己都合退職金が出ない間はもちろん、自己都合退職金が年間6万円以上増える勤続年数になるまでは加入を避けなければなりません。

加入漏れや加入遅れを防止するためにも、加入時期は年1回4月のみと決めて、前年度中に加入対象となった従業員全員をまとめて加入させる方法がよいでしょう。

【図表137　正社員の退職金規定の例】

```
　　　　　　　　　　　退　職　金　規　定

第1条（適用範囲）
 1　この規定は、就業規則の規定に基づき社員の退職金について定める。
 2　この規定による退職金制度は、会社に雇用され勤務する正社員に適用する。
```

ただし、パートタイマー、嘱託など、就業形態が特殊な者については、この規定を適用しない。

第2条(基本退職金)
1　基本退職金の支給は、会社が各社員について勤労者退職金共済機構(以下「機構」という)との間に、退職金共済契約を締結することによって行う。
2　退職金共済契約の月額掛金は各人の職能等級に基づき、別表のとおりとする。
3　職能等級に変更があった場合は、変更のあった日の翌月より掛金を変更する。社員は掛金の変更に同意しなければならない。
4　新規に雇い入れた社員については社員としての雇い入れより満3年に達した日の翌年度4月に、機構と退職金共済契約を締結する。
5　月をまたいで就業規則に定める休職、産前産後休業、育児休業、介護休業をする期間は、その初日の属する翌月から復職した日の属する月まで掛金の支払を行わない。
6　基本退職金の支給額は、その掛金月額と掛金納付月数に応じ、中小企業退職金共済法に定められた額とする。

第3条(退職加算金)
1　定年により退職する際には、定年退職加算金を支給する。なお、その支給額は前条で定める基本退職金に〇%を乗じて得た金額とする。
2　在職中、特に功労があったと認められる社員に対して、退職金に特別功労金を加算して支給することがある。

第4条(退職金の受給)
1　基本退職金は、社員に交付する退職金共済手帳により、機構から支給を受けるものとする。
2　社員が退職したときは、やむを得ない理由がある場合を除き、本人が遅滞なく退職金を請求できるよう、速やかに退職金共済手帳を本人に交付する。
3　定年退職加算金および特別功労金は、退職の日の翌月末日までに、本人名義の指定金融機関口座へ振込みにより支払う。

第5条(遺族の範囲および順位)
　本人死亡のときの退職金を受ける遺族の範囲および順位は、中小企業退職金共済法第14条に定めるところによる。

第6条(改　　定)
　この規定は会社の経営状況および社会情勢の変化等により必要と認めたときは、支給条件および支給水準を見直すことがある。

付　　則
　この規定は、平成〇〇年〇〇月〇〇日から施行する。

別表　月額掛金表

職能等級	月額掛金
5級	5,000円
4級	8,000円
3級	16,000円
2級	22,000円
1級	30,000円

著者略歴

佐藤　崇（さとう　たかし）

さとう労務管理事務所所長、社会保険労務士、キャリアカウンセラー（CDA）、中小企業福祉事業団常任幹事。
1969年、宮城県栗原市生まれ。法政大学卒業後、社会福祉法人、医療法人の総務課を経験した後、2004年8月開業。現在、労働保険・社会保険の手続、給与計算代行、社員・管理者教育、就業規則の作成、従業員のトラブル防止・モチベーションアップの支援、賃金・退職金の設計、採用支援等を中心に中小企業の活性化のため活動しており、多くの経営者、総務担当者から高い評価を得ている。
ホームページ：http://sendai-roumu.com

川島　孝一（かわしま　こういち）

(有)人事・労務 チーフコンサルタント、社会保険労務士、中小企業福祉事業団幹事、日本経営システム学会会員。
1966年、東京都大田区生まれ。早稲田大学理工学部卒業後、サービス業にて人事・管理業務に従事後、現職。
クライアント先の人事制度、賃金制度、退職金制度をはじめとする人事・労務の総合コンサルティングを担当し、複数社の社外人事部長・労務顧問を兼任する。経営者の視点に立った論理的な手法に定評がある。
著書に「給与計算の事務がしっかりできる本」（かんき出版）など。

中小企業福祉事業団

全国に幹事（会員）社会保険労務士2,600名を擁する事業主団体。幹事社会保険労務士とともに、主に中小企業の人事・労務分野をサポート。企業の退職金制度を簡易診断する「らくらく退職金診断」を実施し、好評を博している。
ホームページ：http://www.chukidan.com

いまさら人に聞けない「適年廃止後の退職金再設計」の実務Q&A

2010年9月22日　発行

著　者	佐藤　崇	©Takashi Satou
	川島　孝一	©Koichi Kawashima
発行人	森　忠順	
発行所	株式会社セルバ出版	

〒113-0034
東京都文京区湯島1丁目12番6号高関ビル5B
☎ 03(5812)1178　　FAX 03(5812)1188
http://www.seluba.co.jp/

発　売　株式会社創英社／三省堂書店
〒101-0051
東京都千代田区神田神保町1丁目1番地
☎ 03(3291)2295　　FAX 03(3292)7687

印刷・製本 モリモト印刷株式会社

● 乱丁・落丁の場合はお取り替えいたします。著作権法により無断転載、複製は禁止されています。
● 本書の内容に関する質問はFAXでお願いします。

Printed in JAPAN
ISBN978-4-86367-033-4